Nils Kummer

Mauerwerksbau

Nils Kummer

Mauerwerksbau

3., aktualisierte Auflage

BIRKHÄUSER
BASEL

Inhalt

Vorwort

„Der Backstein ist ein anderer Lehrmeister. Wie geistvoll ist schon das kleine, handliche, für jeden Zweck brauchbare Format. Welche Logik zeigt sein Verbandsgefüge. Welche Lebendigkeit sein Fugenspiel. Welchen Reichtum besitzt noch die einfachste Wandfläche. Aber welche Zucht verlangt dieses Material."

Der Standardziegel, den Ludwig Mies van der Rohe (1886–1969), einer der einflussreichsten deutschen Architekten des 20. Jahrhunderts und letzter Leiter des Dessauer Bauhauses, enthusiastisch feierte, ist nichts anderes als einer der kleinsten gemeinsamen Nenner und gleichzeitig unverzichtbares Grundelement jeglicher Architektur: Er formt das Mauerwerk. So vielfältig ist seine Erscheinungsform, dass eine Übersicht kaum möglich ist. Ob Amphitheater der Antike, babylonischer Tempel, neuzeitliche Museen oder schlichte Wohnungsbauten: Ohne den bloßen Mauerstein in seinem Zusammenspiel mit einfachem Mörtel lässt sich Architektur, wie sie uns heute begegnet, kaum erklären.

Hinter der nahezu unendlichen gestalterischen Vielfalt, die das Mauerwerk ermöglicht, verbergen sich allerdings streng festgelegte Regeln, deren Einhaltung unumgänglich ist, um den gewünschten Gesamteindruck zu garantieren. Der Weg vom Mauerstein zur Wand, zum Raum und schließlich zum ganzen Gebäude ist dabei weder kurz noch einfach.

Die Buchreihe „Basics" hat den Anspruch, Informationen didaktisch und praxisnah zu erläutern. Sie möchte Studenten an der Stelle abholen, an der sie zum ersten Mal mit einem Fachgebiet oder Themenbereich in Kontakt treten. Die Inhalte werden mit leicht verständlichen Einführungen und Erklärungen schrittweise erarbeitet. Die wesentlichen Ansatzpunkte werden systematisch aufgebaut und in den jeweiligen Bänden vertieft. Das Konzept versteht sich nicht als umfassende Sammlung von Fachwissen, sondern möchte an das Thema heranführen, erklären und das notwendige Know-how für eine fachgerechte Umsetzung bieten.

Der vorliegende Band möchte jungen Studierenden das Thema Mauerwerk systematisch vermitteln. Mit Hilfe der elementaren Grundbestandteile Stein und Mörtel werden Regeln für das Zusammenfügen dieser Elemente zu einer Wand erarbeitet. Der Schwerpunkt liegt dabei auf den Zusammenhängen und materialabhängigen Eigenschaften, die wesentlich für das Verständnis von „Wand" sind. Das Zusammenspiel von Steinen, die Gestalt von Mauerwerksverbänden und die Ästhetik gemauerter Wände mit Öffnungen und Versprüngen werden durch den methodischen Aufbau – vom Stein zur Wand – verständlich und fundiert erläutert, so dass Studenten das Wesen des Mauerwerks verstehen und die Erkenntnisse direkt in ihren Entwürfen und Projekten anwenden können.

Bert Bielefeld, Herausgeber

Einleitung

Mauerwerksbauten reduzieren sich auf keine bestimmte Tradition, auf keine Mode und keinen Stil: Zeitlos in ihrer Wandelbarkeit, grundlegend für Klassisches ebenso wie Avantgardistisches öffnen sie sich architektonischen Stilrichtungen unterschiedlichster Epochen, zeigen Alltägliches ebenso wie Experimentelles. Selbst wenn Fassaden zeitgenössischer Hochhäuser und neuzeitlicher Glasbauten auf das klassische Mauerwerk als architektonisches Grundprinzip zu verzichten scheinen: Gebäude ohne eine gemauerte Wand in ihrem Innern sind schwerlich zu finden, und so bestätigen auch diese Bauten einmal mehr den existenziellen Charakter des Mauerwerks.

Hinter der nahezu unendlichen gestalterischen Vielfalt, die das Mauerwerk ermöglicht, verbergen sich allerdings streng festgelegte Regeln, deren Einhaltung unumgänglich ist, um den gewünschten Gesamteindruck garantieren zu können. Der Weg vom Mauerstein zur Wand, zum Raum und schließlich zum ganzen Gebäude ist dabei weder kurz noch einfach.

In Grundzügen soll er im Folgenden vorgestellt und mitsamt den neuen Anforderungen und Vorschriften, die ihn betreffen, erklärt werden.

DAS MAUERWERK

Bei Mauerwerk handelt es sich nicht um einen Baustoff wie Holz oder Stahl, sondern um eine nach geltenden Regeln handwerklich hergestellte Verbindung aus zwei einzelnen Baustoffen: dem Mauerstein und dem Mörtel. Häufig als Verbundwerkstoff bezeichnet, gleicht es somit z. B. eher dem Stahlbeton als dem Beton, denn die Qualität des Endproduktes ist abhängig von der Qualität beider Baustoffe und der Qualität der Ausführung.

Mauerwerk wird vor allem in Wandkonstruktionen als tragende oder trennende Wandscheibe, als schützende oder verkleidende Verblendung oder als Ausfachung zwischen Stützen und Balken eingesetzt. Daneben findet man Mauersteine in Gewölben oder Kappen und auch als Bodenbelag.

Für jede dieser Aufgaben und Konstruktionen existieren unterschiedliche Stein- und Mörtelarten. Neben dem Wissen über die Konstruktion ist somit eine Kenntnis der wichtigsten Eigenschaften beider Stoffe notwendig, um die ideale Kombination zusammenzustellen.

DER MAUERSTEIN

Nach einem Mauerstein gefragt, würden die meisten wohl eine einheitliche Form und Größe skizzieren: den Standardziegel. Über Jahrtau-

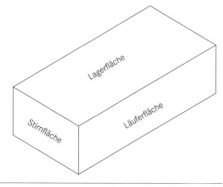

Abb. 1: Standardziegel

sende entwickelt, prägt dieser Stein die meisten Mauerwerksfassaden und hat sich fest mit der Vorstellung von Mauerwerk verbunden. Dabei existiert eine Vielzahl verschiedenster Größen und Formen: flache römische Ziegel, großformatige Plansteine oder oktogonale Formsteine. Dennoch bildet dieser Stein die Grundlage für das gesamte handwerkliche Regelwerk, nach dem auch heute noch Mauerwerksgebäude errichtet werden. Nach ihm richten sich die Größen von Räumen und Gebäuden, von Öffnungen und Einbauten, und er strukturiert Fassaden.

DER MAUERMÖRTEL

Der zweite Bestandteil des Mauerwerks ist der Mörtel. Er sorgt für eine vollflächige Auflagerung der Steine, gleicht Toleranzen aus, sorgt für eine kraftschlüssige Verbindung und kann durch seine Ausführung und Farbigkeit das Bild des Sichtmauerwerks entscheidend beeinflussen. Er wird sowohl horizontal zwischen den einzelnen Steinschichten (Lagerfuge) aufgetragen als auch vertikal zwischen den einzelnen Steinen selbst (Stoßfuge). Obwohl moderne Herstellungsmethoden die Mörtelschichten aus kosten- und tragwerkstechnischen Gründen immer weiter verkleinern, ist die Kombination von Stein und Mörtel für die Planung der Konstruktion entscheidend. Denn einerseits ist der Zusammenhalt von Mörtel und Stein und somit auch die Auswahl der richtigen Komponenten für die Tragfähigkeit bedeutsam, andererseits richten sich selbst moderne Ausführungsmethoden ohne Mörtel nach Regeln, die auf der traditionellen Bauweise basieren.

Konstruktionsregeln

Da Mauerwerk eine handwerklich erstellte Konstruktion darstellt, existieren bestimmte Regeln, die für das Erreichen einer qualitativ hochwertigen Ausführung einzuhalten sind. Dabei sind die wichtigsten Ziele:

— Optimierung von Trag- und Widerstandsfähigkeit der Konstruktion
— Minimierung von Materialverlusten
— Beschleunigung von Bauabläufen
— Ausführung einer material- und nutzungsgerechten Gestaltung

MASSE UND MODULE

Bei der Planung und Erstellung eines Gebäudes liegt eine der Hauptaufgaben des Architekten/der Architektin darin, unterschiedliche bauliche und handwerkliche Leistungen zu koordinieren und zusammenzuführen. Rohbau (Wände, Stützen, Decken usw.) und Ausbau (Fenster, Türen, Wand- und Bodenbeläge usw.) müssen aufeinander abgestimmt sein, um effizient bauen zu können. Dabei vereinfacht die Wiederholung gleich bleibender Elemente und Größen sowohl die Herstellung als auch Planung und Ausführung. Die Verwendung eines Gebäuderasters hilft, gleich große Elemente zu nutzen. Die Festlegung dieser Rastermaße stellt bei Mauerwerk allerdings ein Problem dar, da hier nicht einfach das Steinmaß benutzt werden kann, sondern die Mörtelfugen zwischen den Steinen eingerechnet werden müssen. Mit Hilfe der Unterscheidung zwischen Baurichtmaß und Nennmaß kann festgelegt werden, wann die Fuge zu einer Wandlänge hinzugerechnet werden muss und wann nicht.

Das Baurichtmaß bildet das theoretische Grundmaß, das Raster oder das Modul, aus dessen Vielfachem sich das gesamte System des Mauerwerksbaus zusammensetzt. Das Nennmaß hingegen ist das tatsächlich ausgeführte und in der Bauzeichnung eingetragene Maß. Mit Hilfe dieser Unterscheidung können auch Bauarten mit Fugen und hier vor allem der Mauerwerksbau systematisiert werden.

Baurichtmaß und Nennmaß

Während bei fugenloser Bauweise das Nennmaß dem Baurichtmaß entspricht, werden bei Bauarten mit Fugen diese bei der Konstruktion wie folgt berücksichtigt:

Das Baurichtmaß besteht aus dem ausgeführten Nennmaß und der dazugehörigen Fuge:

Steinmaß + Fuge

Das Nennmaß ist im Umkehrschluss das reine Steinmaß ohne Fuge.

Stellt man sich nun eine gemauerte Wand mit Fensteröffnungen und Querwänden vor, erkennt man sehr schnell, dass sich auf Grund der Mörtelfugen zwischen den Steinen unterschiedliche Maße für die Wandbreite, die Öffnung und Vorsprünge ergeben.

Außenmaß   Das Außenmaß ist das Maß der Wandstärke. Unabhängig von der Anzahl der Steine ist immer eine Fuge vom Baurichtmaß abzuziehen, da immer eine Fuge fehlt:

Außenmaß (A) = Baurichtmaß − Fuge

Öffnungsmaß   Das Innenmaß einer Öffnung beinhaltet immer eine zusätzliche Fuge:

Öffnungsmaß (Ö) = Baurichtmaß + Fuge

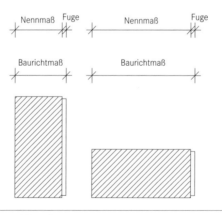

Abb. 2: Baurichtmaß und Nennmaß

Das Vorsprungsmaß misst das Wandstück zwischen Öffnung und Wand oder zwischen Öffnung und Mauervorsprüngen. Hier gleichen sich die fehlende Fuge des Außenmaßes und die zusätzliche Fuge des Öffnungsmaßes aus:

Vorsprungsmaß (V) = Baurichtmaß

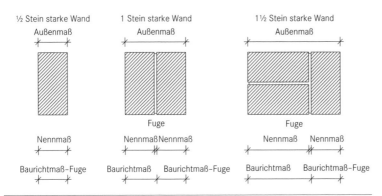

½ Stein starke Wand   1 Stein starke Wand   1 ½ Stein starke Wand

Abb. 3: Außenmaß

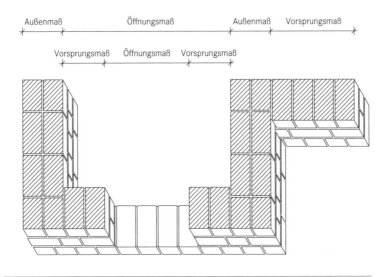

Abb. 4: Rohbaumaße

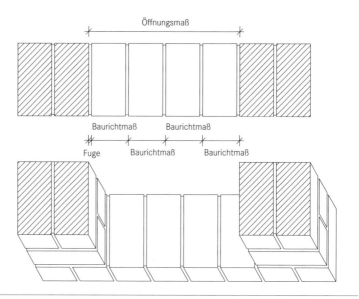

Abb. 5: Öffnungsmaß

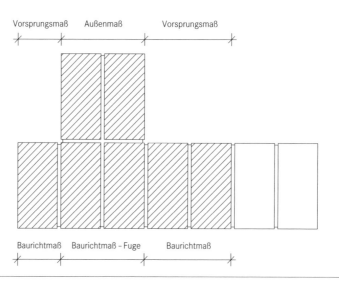

Abb. 6: Vorsprungsmaß

STEINMASSE UND BEZEICHNUNGEN

Diese bisher rein theoretischen Definitionen lassen jedoch die Frage nach den tatsächlichen Maßen offen, da diese abhängig von den gewählten Stein- und Fugengrößen sind. Diese Größen können variieren und haben in den verschiedenen Ländern aufgrund ihrer Traditionen zu unterschiedlichen Standardgrößen geführt.

In Deutschland basiert das Mauerwerk fast ausschließlich auf dem Oktametersystem, das sich aus dem Achtel eines Meters (= 12,5 cm) als Baurichtmaß zusammensetzt. Der Standardziegel, das so genannte „Normalformat", hat hier die Maße 24 × 11,5 × 7,1 cm (Nennmaße). Addiert man die Fugengrößen von 1 cm für die vertikalen Stoßfugen und 1,23 cm für die horizontalen Lagerfugen, ergeben sich die Baurichtmaße 25 × 12,5 × 8,33 cm, deren Vielfaches zu einem Meter führen. ○

Das Normalformat in Österreich und der Schweiz besteht dagegen aus Steinen mit der Größe 25 × 12 × 6,5 cm. Hier ergeben sich die Baurichtmaße 26 × 13 × 7,7 cm. Es gibt jedoch auch Systeme, die auf einem dezimetrischen System beruhen. So bezieht sich das Schweizer Modulformat 29 × 14 × 9 cm auf die Baurichtmaße 30 × 15 × 10 cm. ○

Doch auch die Fugengröße kann variieren, ohne das System zu verändern. Neue Herstellungstechniken und die Erfüllung immer größer werdender Ansprüche an Wärme- und Schallschutz sowie an das Tragverhalten haben zu einer Mauertechnik geführt, die nicht mehr auf dem System mit Zentimeterfuge basiert. Moderne Plansteine werden mit so geringen Toleranzen hergestellt, dass Fugen nur noch wenige Millimeter dick sein müssen. Um jedoch die gewohnten Baurichtmaße beizubehalten, wurden die Steinmaße so angepasst, dass die Gesamtmaße wieder dem System entsprechen:

Zum Beispiel:

Traditionell:	Ziegelstein, deutsches Normalformat	24 cm + 1 cm Fuge = 25 cm
Moderne Technik:	Planstein	24,7 cm + 3 mm Fuge = 25 cm

○ **Hinweis:** Während das Oktametersystem also auf den traditionellen Steinmaßen basiert, wurde auch ein dezimetrisches System eingeführt, das auf dem Grundmodul M=100mm bzw. 10cm und dessen Vielfachen (3M=30cm, 5M=50cm usw.) basiert. Obwohl dieses System eine einfachere Handhabung versprach, eine Verbesserung in der Innenausbaukoordination bewirken sollte und auch übliche Wandstärken von 20 sowie 30cm einschließt, hat es sich in Deutschland nicht durchsetzen können und die DIN 18000 (Modulordnung im Bauwesen) wurde zurückgezogen. Selbst bei Betonbauteilen, die fugenlos hergestellt werden, findet man häufig das oktametrische System und die Einhaltung von Bauricht- und Nennmaßen, was den Anschluss von Mauerwerkskonstruktionen erleichtert.

○ **Hinweis:** Aufgrund der Vielzahl unterschiedlicher Steinformate in den verschiedenen Ländern soll hier beispielhaft das DIN-Ziegelformat verwendet werden, da es auch in Österreich und der Schweiz bekannt und erhältlich ist.
In anderen Ländern existieren weitere Standardziegel, die auf nationalen Traditionen oder auf anderen Einheiten (z. B. inch) beruhen, z. B. 21,5 × 10,25 × 6,5 cm in England, 19 × 9 × 6,5 cm in Belgien oder 8 × 4 × 2,25 in (20,3 × 10,2 × 5,7 cm) in den USA.

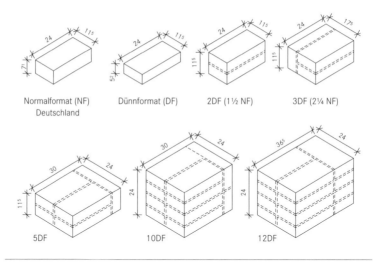

Abb. 7: Steinformate

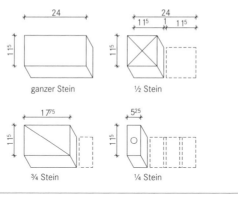

Abb. 8: Geschnittene Steine

Man unterscheidet die sogenannten Kleinformate:

L × B × H = 24 × 11,5 × 7,1 cm – das Normalformat (NF)
24 × 11,5 × 5,2 cm – das Dünnformat (DF)

Größere Steine setzen sich aus mehreren Dünnformaten als Grundmodul mit den entsprechenden Fugen zusammen und werden dementsprechend z. B. mit 5DF bezeichnet.

16

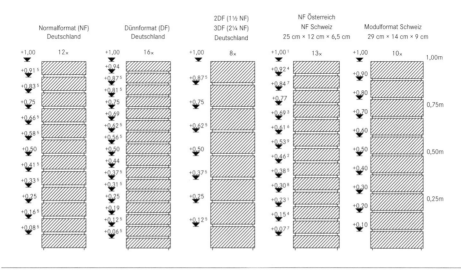

Abb. 9: Höhenvergleich

Beispiele für die Maße des Oktametersystems:

– Baurichtmaße: 12,5 cm; 25 cm; 37,5 cm; 50 cm ... 100 cm etc.
– Nennmaße: 11,5 cm; 24 cm; 36,5 cm; 49 cm ... 99 cm etc.
– Außenmaße: 11,5 cm; 24 cm; 36,5 cm etc.
– Öffnungsmaße: 51 cm; 1,01 m; 1,26 m etc.
– Vorsprungsmaße: 12,5 cm; 25 cm; 1,00 m etc.

Bei geschnittenen Steinen ist auf den Abzug der Fuge zu achten:

¾ Stein = Baurichtmaß / 4 × 3 – Fuge = 6,25 cm × 3 – 1 cm = 17,75 cm

Die geschnittenen Steine erhalten bei Verlegeplänen in der Aufsicht eine besondere Kennzeichnung: der ¾ Stein (17,75 cm) eine Diagonale, der ½ Stein (11,5 cm) eine Auskreuzung und der ¼ Stein (5,25 cm) einen Punkt oder einen Kreis.

Auch in der Höhe werden die Zahlenwerte des Oktametersystems übernommen. Um die Höhe des Baurichtmaßes (25 cm, 50 cm, 1 m etc.) zu erreichen, dienen die horizontalen Mörtelfugen als Höhenausgleichsschicht und betragen daher zwischen 1,05 cm und 1,22 cm.

○ **Hinweis:** Da man die gleiche Anzahl Dünnformat-Steine unterschiedlich zusammensetzen kann, ergeben sich für unterschiedliche Formate die gleiche Bezeichnung, z. B.: 8DF = 24 × 24 × 23,8 cm und 8DF = 24 × 49 × 11,3 cm.

DIE STEINSCHICHTEN

Die einzelnen Reihen einer Mauerwerkskonstruktion nennt man Schicht, wobei im österreichischen Raum auch der Begriff Schar geläufig ist. Je nach Ausrichtung der Steine unterscheidet man:

- Läuferschicht: Die Steine liegen parallel zur Wandachse.
- Binderschicht: Die Steine liegen quer zur Wandachse.
- Rollschicht: Die Steine liegen in Querrichtung und hochkant auf ihren Längsseiten.
- Grenadierschicht: Die Steine stehen hochkant auf der Schmalseite als aufgestellte Rollschicht.

Während Läufer- und Binderschichten als Verbände verschieden miteinander kombiniert werden, bieten die Roll- und Grenadierschichten mit ihren größeren Stoßfugen eine höhere Haftfestigkeit zwischen den Steinen und eine bessere Druckverteilung, da sie nicht so schnell durchbrechen wie ein liegender Stein. Sie werden deshalb bei Stürzen, Auflagern und Gesimsen eingesetzt.

DIE MAUERWERKSVERBÄNDE

Um aus Steinen und Mörtel tragfähiges und qualitativ hochwertiges Mauerwerk herzustellen, müssen bei der Verlegung der Steine handwerkliche Regeln eingehalten werden – die Verbandsregeln. Bei Einhaltung dieser Regeln unterscheidet man vier so genannte Schulverbände in Abhängigkeit von der Reihenfolge, in der man die Steinschichten übereinander setzt, und dem Versatz der Steinschichten gegeneinander.

Einige der Verbandsregeln gelten ganz allgemein und führen zu den ersten beiden Schulverbänden.

Regeln:
- Alle Schichten müssen horizontal liegen.
- Die Steinhöhe soll nicht größer als die Steinbreite sein.
- Es sollen in einer Schicht nur gleich hohe Steine verwendet werden (nur an Mauerenden sind Ausnahmen in jeder zweiten Schicht möglich).
- Es sind möglichst viele ganze Steine zu verwenden.
- Der Versatz bei der Schichtung beträgt für alle Stoßfugen
o   mindestens ¼ Steinlänge.

Für die Tragfähigkeit der Wand ist der Versatz der Steine entscheidend. Je größer der Versatz, je flacher also die Abtreppung der Steine ist,
o desto höher ist die Widerstandsfähigkeit gegen Risse in Längsrichtung.

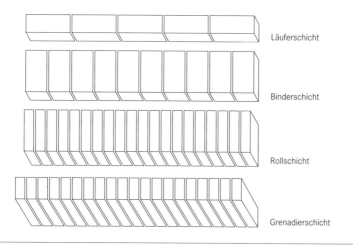

Läuferschicht

Binderschicht

Rollschicht

Grenadierschicht

Abb. 10: Steinschichten

Beim Läuferverband bestehen alle Schichten des Mauerwerks aus Läuferschichten, die um ½ Steinlänge versetzt werden. Da bei diesem Verband ein Versatz quer zur Wandachse nicht möglich ist, kann dieser Verband nur bei ½ Stein starken Wänden verwendet werden, so z. B. bei Innenwänden, Verblendschalen oder Schornsteinen. Nur bei der Verwendung von größeren Steinen ist eine größere Wandbreite möglich. Aufgrund des großen Steinversatzes bietet der Läuferverband eine hohe Druck- und Zugfestigkeit. Ein Versatz um ⅓ Steinlänge oder ¼ Steinlänge ist ebenso möglich, jedoch zu Lasten der Tragfähigkeit.

Läuferverband

○ **Hinweis:** Der Versatz um einen ¼ Stein ist eine Regel für die Herstellung der Schulverbände. Die DIN 1996-1 nennt für die Tragfähigkeit ein notwendiges Überbindemaß ü ≥ 0,4 × Steinhöhe oder mindestens 40 mm bei Steinen mit Höhe ≤ 250 mm und ü ≥ 0,2 × Steinhöhe oder mindestens 100 mm bei Steinen mit Höhe > 250 mm.

○ **Hinweis:** Die Bezeichnung „Steinlänge" bezieht sich auch beim Steinversatz auf den entsprechenden Standardziegel. Dabei ist jedoch immer die Fuge zu beachten. So gilt bei einem Baurichtmaß von 25 cm: ¼ Steinlänge = Baurichtmaß/4 – Fuge = 25 cm/ 4 – 1 cm = 5,25 cm. Entsprechendes gilt für die Steinbreite bzw. die Wandstärke: eine 2 Stein starke Wand = 2 × 25 cm – 1 cm = 49 cm (Außenmaß).

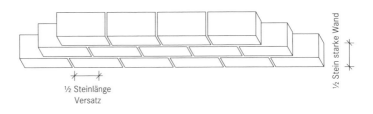

½ Steinlänge
Versatz

½ Stein starke Wand

Abb. 11: Läuferverband

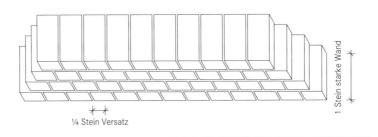

¼ Stein Versatz

1 Stein starke Wand

Abb. 12: Binderverband

Binderverband

Beim Binderverband oder Kopfverband bestehen alle Schichten aus Binderschichten, die um ¼ Steinlänge versetzt werden. Dieser Verband ist nur bei 1 Stein starken Wänden möglich. Aufgrund der geringen Überdeckung bietet der Verband eine geringere Tragfähigkeit und neigt wegen der steilen Abtreppung zu Schrägrissen. Der Binderverband > Abb. 12 ist jedoch besonders bei engen Mauerwerksradien gut geeignet.

Kombiniert man diese Verbände und befolgt zwei weitere Regeln, erhält man die beiden letzten Schulverbände.

Regeln:
— Läufer- und Binderschichten wechseln sich ab.
— Eine Läuferschicht beginnt mit einem ¾ Stein (bei größeren Wanddicken entsprechend mit mehreren ¾ Steinen).

Blockverband

Beim Blockverband > Abb. 13 wechseln sich Läufer- und Binderschichten gleichmäßig ab. Der Versatz beträgt ¼ Steinlänge. Dadurch ergibt sich eine günstige flache Abtreppung um jeweils ¼ und ¾ Steinlänge.

Kreuzverband

Der Kreuzverband > Abb. 14 beginnt wie der Blockverband mit abwechselnder Läufer- und Binderschicht. Jedoch sind die Stoßfugen der Läufer-

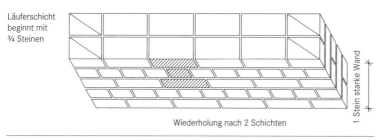

Läuferschicht beginnt mit ¾ Steinen

Wiederholung nach 2 Schichten

1 Stein starke Wand

Abb. 13: Blockverband

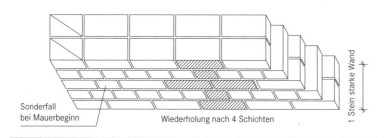

Sonderfall bei Mauerbeginn

Wiederholung nach 4 Schichten

1 Stein starke Wand

Abb. 14: Kreuzverband

schichten gegeneinander um einen ½ Stein versetzt. Somit wiederholt sich das Fugenbild erst nach vier Schichten. Dieser Verband zeigt ein abwechslungsreicheres, aber auch steiler abgetrepptes Fugenbild als der Blockverband und neigt daher eher zu Diagonalrissen.

Zudem gibt es einige Zierverbände, die jedoch nur historisch oder regional von Bedeutung sind, etwa der Gotische Verband, der Märkische Verband oder der Holländische Verband. > Abb. 15

Durch die sich abwechselnden Läufer- und Binderschichten ist auch ein Versatz in der Querrichtung der Wand und somit eine Konstruktion von mehr als 1 Stein starken Wänden möglich.

Hierbei gelten zusätzliche Regeln:
— Bei breiten Mauern sind innen möglichst nur Binder zu verwenden.
— Stoßfugen sollen möglichst durch die gesamte Mauerstärke hindurchgehen.
— Der Versatz bei der Schichtung beträgt auch für die Zwischenfugen (Stoßfugen im Mauerinnern) mindestens ¼ Steinlänge.
— Der Versatz ist sowohl in Längs- als auch in Querrichtung einzuhalten.

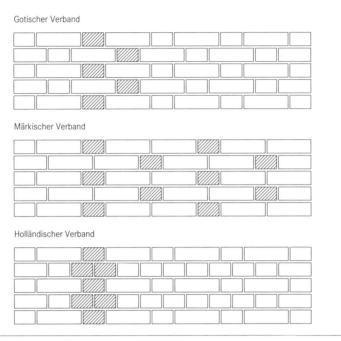

Gotischer Verband

Märkischer Verband

Holländischer Verband

Abb. 15: Historische Verbände

REGELGERECHTE KONSTRUKTIONEN

Mauerecken

Bei Mauerecken, Nischen, Vorlagen und Pfeilern ergeben sich besondere Detailpunkte, die ebenfalls unter Einhaltung der Verbandsregeln ausgeführt werden müssen.

Regeln:
— An Ecken, Kreuzungen und Stößen laufen die Läuferschichten durch, die Binderschichten binden an.
— Parallele Wände sollen die gleiche Schichtenabfolge aufweisen.
— Auch von einer Innenecke darf in jeder Schicht nur eine Stoßfuge ausgehen.
— Fenster und Türanschläge sind wie Mauerenden mit Vorsprüngen zu konstruieren – bei Bindern durch Versetzen eines Steines in der Größe des Vorsprunges, bei den Läufern durch Vorschieben der
o   Läufer.

22

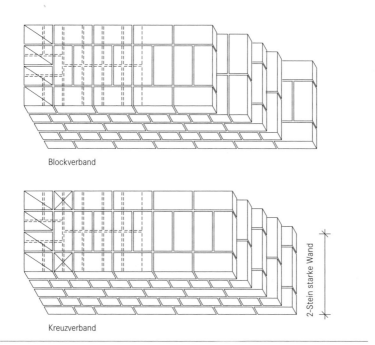

Blockverband

Kreuzverband

2-Stein starke Wand

Abb. 16: Mauerenden bei 2 Stein starken Wänden

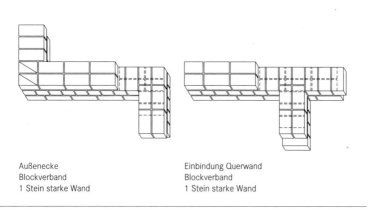

Außenecke
Blockverband
1 Stein starke Wand

Einbindung Querwand
Blockverband
1 Stein starke Wand

Abb. 17: Mauerecken

23

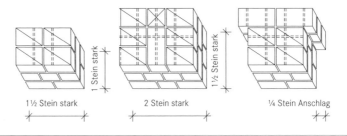

 1 Stein stark / 1½ Stein stark

1½ Stein stark   2 Stein stark   ¼ Stein Anschlag

Abb. 18: Mauerwerkspfeiler

Mauerwerkspfeiler

Bei der Konstruktion von Mauerwerkspfeilern helfen zwei Merksätze:

— Quadratische Pfeiler haben in jeder Schicht den gleichen Verband, der jeweils um 90° gedreht wird.
— Rechteckige Pfeiler beginnen wie Mauerenden nur mit ¾ Steinen an den Schmalseiten. Der Zwischenraum wird mit ganzen oder
○ halben Steinen gefüllt.

○ **Hinweis:** Aufgrund neuer Steinformate und Mauertechniken bei tragenden Wänden, die meist im „wilden Verband" (nicht nach den Verbandsregeln, sondern unter Einhaltung der genormten Mindestmaße für den Versatz) hergestellt werden, finden diese Schulverbände meist nur als Sichtmauerwerk Verwendung: bei unverputzten Innenwänden oder als vorgesetzte Verblendung bei zweischaligem Mauerwerk (siehe Kap. Mauerwerkskonstruktionen, Außenwände).

○ **Hinweis:** Schornsteine werden heute fast ausschließlich mit speziellen Formsteinen erstellt. Dabei dient das sichtbare Mauerwerk nur als Verkleidung. Die hier gezeigte gemauerte Konstruktion verdeutlicht nur die Möglichkeiten und Regeln des Verbandsmauerwerks.

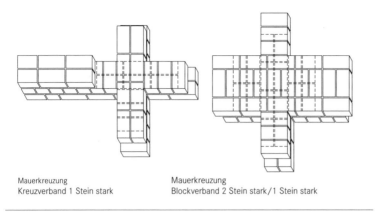

Mauerkreuzung
Kreuzverband 1 Stein stark

Mauerkreuzung
Blockverband 2 Stein stark / 1 Stein stark

Abb. 19: Mauerkreuzungen

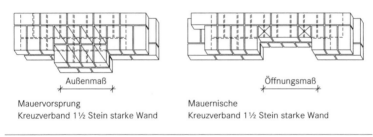

Außenmaß

Öffnungsmaß

Mauervorsprung
Kreuzverband 1½ Stein starke Wand

Mauernische
Kreuzverband 1½ Stein starke Wand

Abb. 20: Mauernische und Mauervorsprung

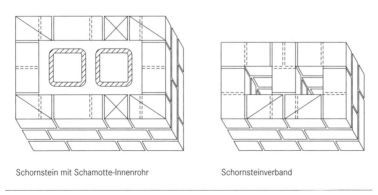

Schornstein mit Schamotte-Innenrohr

Schornsteinverband

Abb. 21: Gemauerte Schornsteine

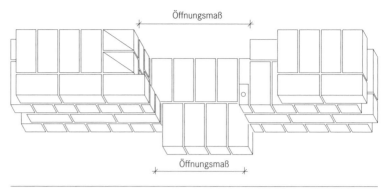

Abb. 22: Fensteranschlag

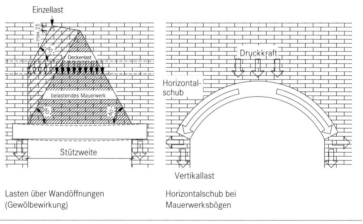

Einzellast

Deckenlast

belastendes Mauerwerk

Stützweite

Lasten über Wandöffnungen
(Gewölbewirkung)

Druckkraft

Horizontal-
schub

Vertikallast

Horizontalschub bei
Mauerwerksbögen

Abb. 23: Wandlasten

Mauerwerks-
öffnungen   Nicht nur die Wand selbst, sondern auch die Öffnungen für Fenster, Türen oder Durchbrüche in der Wand unterliegen handwerklichen Regeln und Traditionen. Mit Hilfe der Verbandsregeln können für Fenster und Türen seitliche Anschläge gemauert werden, die den Einbau vereinfachen und die Schlagregen- und Winddichtigkeit der Einbauten verbessern.

> Abb. 22

Auch der obere Abschluss kann regelgerecht hergestellt werden. Da Mauerwerk keine Biegezugkräfte aufnehmen kann und somit Öffnungen nicht ohne „Unterstützung" im Verband übermauert werden, können Balken, die früher aus Holz oder Naturstein bestanden und heute aus Beton hergestellt werden, über die Öffnung gelegt werden. Die Balken leiten die Auflasten aus dem darüberliegenden Mauerwerk über die Biegetragwirkung in die seitlichen Wandflächen ab und begrenzen abhängig vom verwendeten Material des Balkens die mögliche Öffnungsweite.

Eine weitere mauersteingerechte Öffnung stellen die übermauerten Bögen dar, die sämtliche Auflasten in Druckkräfte umwandeln und an ihre Auflagerpunkte weiterleiten. Die Schwierigkeit dieser Konstruktion liegt im Horizontalschub, den der belastete Bogen seitlich auf das Mauerwerk ausübt. Dieser Schub, der bei flacheren Bögen zunimmt, muss entweder von der Wand oder von zusätzlich angebrachten Pfeilern aufgenommen werden.

○
Mauerbögen

Rundbögen leiten als gemauerte Halbkreise die Auflast in zumeist horizontale Auflagerpunkte. Der Radius des Bogens beträgt somit die Hälfte der Öffnungsbreite und liegt in deren Mittelpunkt. Um diesen Radius zu erreichen, muss man die Fugen zwischen den Steinen keilförmig ausbilden, wobei eine Dicke von mindestens 5 mm an der Bogeninnenseite (Laibung) und maximal 20 mm am Bogenrücken erreicht werden darf. Dies führt dazu, dass bei größeren Radien und Öffnungsbreiten mehrere Steinreihen übereinander gesetzt werden müssen. Bei engeren Radien können auch keilförmige Steine verwendet werden.

Vergrößert man den Radius auf die gesamte Öffnungsbreite und schlägt zwei Kreise um die beiden Auflagerpunkte, ergibt sich ein Spitzbogen. Beide Bogenarten sollten aus einer ungeraden Steinzahl bestehen, um im Scheitelpunkt des Bogens keine vertikale Fuge, sondern einen Schlussstein zu erhalten, mit dem die Kraftumlenkung beginnt. Dieser sollte in einer Lagerfuge des Mauerwerks enden, damit über dem Scheitelpunkt des Bogens keine zu großen Ausgleichsschichten entstehen. Bei

○ **Hinweis:** Aufgrund der sogenannten „Gewölbewirkung" des Mauerwerks, die Lasten um die Öffnung herum lenkt, wirkt auf den Balken nur das Eigengewicht des über der Öffnung liegenden Mauerwerks bezogen auf eine dreieckige Lasteinzugsfläche. Hinzu kommen Einzellasten, sofern sie nicht höher als 25 cm über der Spitze der Einzugsfläche liegen, und Deckenlasten, wenn sie innerhalb der Einzugsfläche liegen (siehe Abb. 23).

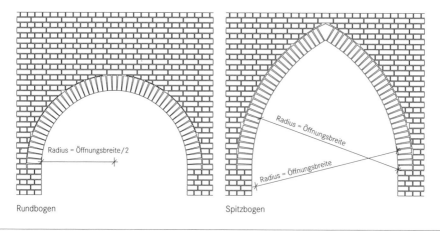

Radius = Öffnungsbreite / 2

Radius = Öffnungsbreite

Radius = Öffnungsbreite

Rundbogen

Spitzbogen

Abb. 24: Rund- und Spitzbogen

Fensteranschlägen können Bögen in zwei höhentechnisch versetzten Steinreihen gemauert werden.

Wenn das umgebende Tragwerk in der Lage ist, größere Horizontalkräfte aufzunehmen, kann eine flachere Bogenkonstruktion gewählt werden. Beim Segmentbogen wird ein Kreisausschnitt mit einem größeren Radius gemauert, wobei der Stich des Bogens (der Höhenunterschied zwischen dem tiefsten und dem höchsten Punkt der Bogeninnenseite) 1 / 12 der Öffnungsbreite nicht überschreiten darf. Die Auflagerflächen sind gekippt und weisen auf den Bogenmittelpunkt.

Wird die Öffnung durch das seitliche Kippen der Steine beinahe waagerecht übermauert, spricht man von einem „scheitrechten Bogen" (scheitrechter Sturz). Dabei verkleinert sich der Stich auf maximal 1 / 50 der Öffnungsbreite.

Die Öffnungsbreite ist bei beiden Konstruktionen stark begrenzt. Als Faustformel kann herangezogen werden:

- 1,20 m bei Segmentbogen mit 24 cm Steinhöhe
- 0,80 m bei scheitrechtem Sturz mit 24 cm Steinhöhe

Mauerwerksbögen sind sehr aufwendige Konstruktionen, die häufig mit Kirchen- und Repräsentationsbauten verbunden und nur noch selten ausgeführt werden. Die Bögen können heute als Fertigteil mit Stahlbewehrung hergestellt und eingebaut werden.

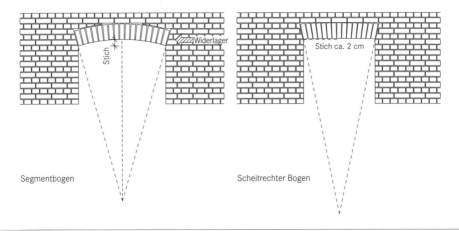

Abb. 25: Segmentbogen und scheitrechter Bogen

FUGENAUSBILDUNG

Neben den Mauerwerksverbänden kann die Ausbildung der Mörtelfugen erheblich zum Erscheinungsbild des Mauerwerks beitragen. Durch die Farbe und die Tiefe der Fugen können sie betont oder gestalterisch zurückgenommen werden.

Zudem erhöht die richtige Ausführung der Fugen die Widerstandsfähigkeit und die Lebensdauer der Konstruktion. Dabei existieren zwei Arten der Verfugung:

Beim Fugenglattstrich wird der durch Aufsetzen des Steins seitlich ausquellende Mörtel mit der Kelle abgestrichen und nach kurzer Zeit mit einem Holzstück oder einem Schlauch glatt gezogen. Der Vorteil dieser Methode liegt in der guten Verdichtung der Fuge und dem Zwang, den Mörtel vollflächig aufzutragen, was die Tragfähigkeit des Mauerwerks erhöht.

Fugenglattstrich

● **Beispiel:** Frank Lloyd Wright betont beim Haus Robie, Chicago, die horizontale Ausrichtung des Hauses durch zurückgesetzte Lagerfugen und gleichzeitig bündige Stoßfugen.

Abb. 26: Fugenbilder

Nachträgliches
Verfugen Wenn allerdings großer Wert auf die farbliche und einheitliche Ge-
staltung der Fugen gelegt wird, kann ein nachträgliches Verfugen von
Vorteil sein. Hierbei wird der frische Mörtel mit einer Holzleiste ca. 20 mm
ausgekratzt und die Öffnung gereinigt; bei saugfähigen Steinen, die dem
Mörtel das Wasser entziehen, muss die Öffnung vorgenässt werden, be-
vor sie mit dem Fugenmörtel wieder verschlossen wird. Wegen der zwei
Mörtelarten ist auf eine hochwertige Ausführung zu achten, welche die
● Tragfähigkeit und die Dichte der Konstruktion garantiert.

AUSFÜHRUNGSREGELN

Mauerwerk muss im Verband gemauert sowie waagerecht, flucht-
recht und lotrecht ausgeführt werden. Dabei ist vor allem Wert auf die
Ausrichtung der ersten Schicht zu legen, die bei unebenem Untergrund
als Ausgleichsschicht dient. Anschließend sind die Steinreihen von den
Ecken aus aufzumauern. Bis zu einem Gewicht von 25 kg pro Stein kann
dies per Hand geschehen, darüber hinaus sind Versetzgeräte notwendig.
Im Bereich der Lagerfugen ist der Mörtel vollflächig aufzutragen; bei klein-
formatigen Steinen mit der Kelle, bei größeren Formaten empfiehlt sich
die Verwendung eines Mörtelschlittens, der die Fugenhöhe über die
Wandlänge hinweg gleichmäßig beibehält. Die Stoßfugen sind aus Grün-

● **Beispiel:** Arno Lederer verwendet diese farbliche
Gestaltungsmöglichkeit bei seinem Verwaltungsge-
bäude in Stuttgart. Er benutzt einen schwarzen Ziegel
und verfugt die Stoßfugen ebenfalls schwarz, die
Lagerfugen dagegen weiß. Dies führt zu einem unver-
wechselbaren Fassadenbild (siehe Abb.26, zweites Bild
von links).

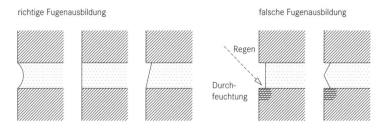

Abb. 27: Fugenausbildung

den der Schlagregen- und Winddichtheit ebenfalls zu schließen. Entweder durch vollflächige Vermörtelung oder durch das Ausfüllen von Mörteltaschen in der Steinmitte. Zur Kosten- und Zeitersparnis wird Mauerwerk auch ohne Stoßfugenvermörtelung ausgeführt. Dabei müssen jedoch alle Erfordernisse des Witterungsschutzes (durch eine Putzschicht oder eine Bekleidung usw.), des Wärmeschutzes (sorgfältige Ausführung, zusätzliche Dämmung usw.) und des Schallschutzes (gut schalldämmende Steine) erfüllt werden. Hierfür werden Steine mit Nut- und Feder-System bevorzugt.

Vor dem Vermauern ist darauf zu achten, dass bei stark saugenden Steinen ein Vornässen der Wand erfolgt, da die Steine dem aushärtenden Mörtel zu viel des benötigten Wassers entziehen. Zudem nehmen die Steine dadurch weniger Salze aus dem Mörtel auf, die sich später durch Verdunstung an der Steinoberfläche als „Ausblühung" absetzen. Gleichzeitig verhindert ein völlig durchnässter Stein einen vollständigen Verbund mit dem Mörtel. Steine und Mauerwerk sollten daher sowohl gegen Regen als auch gegen zu starke Sonneneinstrahlung geschützt werden. Bei Frost ist ein Mauern nur unter Berücksichtigung bestimmter Schutzmaßnahmen möglich, da sich die Aushärtung des Mörtels mit sinkenden Temperaturen verlangsamt und bei $-10\,°C$ vollständig zum Stillstand kommt. Bereits ab 5 °C sind die Baustoffe wärmedämmend abzudecken und bei Temperaturen unter 0 °C Steine und Anmachwasser zu erwärmen. Gefrorene Baustoffe dürfen nicht verwendet werden und bereits geschädigte Wandteile müssen entfernt werden.

NATURSTEINMAUERWERK

Natursteinmauerwerk ist die Urform des Mauerwerks. Von der einfachen, mörtellosen Übereinanderschichtung unbearbeiteter Steine in verschiedensten Größen (Trockenmauerwerk) bis zu im Verband vermauerten gleichgroßen Steinen (Quadermauerwerk) gibt es verschiedene spezielle Natursteinmauerwerksarten. Dennoch werden Natursteine heutzutage weniger für das eigentliche Mauerwerk eingesetzt, sondern finden bei Wänden fast ausschließlich als vorgehängte Fassadenplatten Verwendung und sollen daher hier nicht genauer ausgeführt werden. Ausnahmen liegen vor allem in den Bereichen der Denkmalpflege und der

■ Landschaftsarchitektur vor.

NEUE AUSFÜHRUNGSARTEN

Neben der durch die Verbandsregeln vorgegebenen traditionellen Bauweise haben sich neue Ausführungsarten entwickelt, die, basierend auf neuen Herstellungsmethoden und Baustoffen, vor allem ein zeit- und kostengünstigeres Mauern ermöglichen sollen.

Plansteinmauerwerk   Bei Plansteinmauerwerk ist die Maßtoleranz der Steine in der Herstellung so weit minimiert, dass die Fugenhöhe auf 1–3 mm (Dünnbett) reduziert werden kann. Der Mörtel wird mit einer Walze aufgetragen, oder die Steine werden in Mörtel eingetaucht. Da der Fugenanteil minimiert wird und ein homogeneres Mauerwerk entsteht, spart man Material und Verarbeitungszeit und erhält günstige statische Werte > Kap. Mauerwerkskonstruk-

○ tionen, Tragverhalten und weniger Wärmebrücken.

Da die Steinreihen nur geringe Toleranzen ausgleichen können, ist die erste Steinlage mit großer Sorgfalt zu verlegen. Hierfür werden auch kleinformatige Kimmsteine verwendet, die in unterschiedlichen Höhen und mit guten Dämmeigenschaften angeboten werden.

Trockenmauerwerk   Trockenmauerwerk verzichtet sogar vollständig auf den Einsatz von Mörtel. Diese Wandkonstruktionen wird jedoch mehr im Außenanlagenbau angewendet und ist im Hochbau auf geringere Geschoss- (2,75 m) und Gebäudehöhen (3 Geschosse bis 10 m) begrenzt. Die Wände müssen gleichmäßig durch Decken belastet werden, um durch diesen Druck die fehlende Haftung durch den Mörtel auszugleichen.

Bausatzmauerwerk   Um die Zeit für das Schneiden von großformatigen Steinen einzusparen, bietet das Bausatzmauerwerk die Möglichkeit, ganze Wandflächen in den richtigen Abmessungen im Werk zusammenzustellen und als Einzelteile mit Verlegeplan an die Baustelle zu liefern. Vor allem bei einer großen Anzahl an Schrägen (Giebelwänden) oder Öffnungen ist diese Methode eine kostengünstige Alternative.

■ **Tipp:** Eine ausführliche Beschreibung der unterschiedlichen Natursteinmauerwerksarten findet man in der DIN EN 1996-1-1/NA Anhang NA.L, Teil 1, zur Ausführung von Mauerwerk. Die Eigenschaften und Anforderungen von Natursteinmauersteinen sind in der DIN EN 771-6 festgelegt.

○ **Hinweis:** Wärmebrücken sind Schwachstellen im Wärmeschutz eines Gebäudes, durch die sich Wärmeverluste erhöhen. Sie können geometrisch bedingt sein, wenn die Wärme aufnehmenden Flächen kleiner sind als die Wärme abgebenden (z. B. bei Gebäudeecken), materialbedingt bei der Verwendung unterschiedlicher Baustoffe oder konstruktiv bedingt durch Wärme leitende Befestigungen und Durchdringungen.

Bei der Vorfertigung noch einen Schritt weiter geht die Elementbau-
weise: Hersteller liefern ganze geschosshohe Wandflächen inklusive der
Öffnungen an die Baustelle. Für den Zusammenhalt der Konstruktion müssen die Steine bewehrt werden, und die Aufstellung erfordert einen Kran
oder Autokran. Diesem Aufwand steht dafür eine werkseitig gleichblei-
bende Qualität des Mauerwerks (abgesehen von den Verbindungspunk-
ten der Wandflächen) gegenüber.

Die Entwicklung von Mehrschichtsteinen, die tragende Innenschale,
Dämmschicht und schützende Außenschale in einem Element verbinden,
stellt nicht nur ein neues Bauprodukt dar, sondern bewirkt eine neue und
zeitsparende Bauweise.

Mauerwerkskonstruktionen

Die nachfolgend aufgeführten Konstruktionen beschäftigen sich mit der Wand im eingebauten Zustand. Während die zuvor erläuterten Konstruktionsregeln grundsätzlich für alle Mauerwerkskonstruktionen gelten und sich mit der reinen Zusammensetzung aus Stein und Mörtel befassen, gibt es abhängig vom Einsatzort und den Aufgaben der Wandkonstruktionen unterschiedliche Ausführungsarten, Kombinationen mit anderen Baustoffen und Abhängigkeiten zu den anderen Bauteilen eines Gebäudes.

Mauerwerkswände können durch vertikale Lasten aus Decken und anderen Bauteilen, aus dem Eigengewicht wie auch durch Horizontalkräfte wie Wind, Erddruck und Stoßkräfte oder Konsollasten durch auskragende oder angehängte Elemente belastet werden.

Dafür müssen sie kraftschlüssig mit den angrenzenden Bauteilen verbunden sein, das heißt, die Lasten müssen über weitere tragende Bauteile oder direkt in Fundamente geleitet werden. Stabilität erhält die Wand durch aussteifende Querwände, die ein Ausknicken verhindern, und durch eine gleichmäßige vertikale Belastung. Diese tragenden Wände müssen laut DIN EN 1996-1-1/NA eine Mindeststärke von 11,5 cm aufweisen, (bei Natursteinmauerwerk 24 cm), wobei weitere Anforderungen aus Standsicherheit, Bauphysik oder Brandschutz zu beachten und einzuhalten sind. Wände, die nicht mehr als ihr Eigengewicht aus einem Geschoss und horizontal zur Wandebene auftretende Kräfte aufnehmen müssen, können auch nichttragend ausgebildet werden.

TRAGVERHALTEN

Die Tragfähigkeit von Mauerwerk wird durch den Verband von Mauerstein und Mörtel bestimmt. Die Haftung bzw. Reibung zwischen Stein und Mörtel sorgt für eine Aufnahme horizontaler Kräfte und für eine vollflächige vertikale Lastableitung, wobei die Fuge Toleranzen des Steins ausgleichen kann. Die Fähigkeit, Druckkräfte aufzunehmen, ist bei weitem höher als die Aufnahme von Zug- bzw. Biegezugkräften, das heißt, dass ein vollflächig aufliegender Stein Lasten als Druckkraft weiterleiten kann, aber ohne diese Auflagefläche durchbricht. Bei vertikaler Belastung von oben werden Stein und Mörtelfuge zusammengepresst. Der Stein leitet die Druckkräfte weiter, wohingegen der stärker verformbare Mörtel auszuweichen versucht. Durch dieses unterschiedliche Verhalten kommt es an der Kontaktstelle zwischen Stein und Mörtel zu Spannungen. In der Folge treten Druckspannungen im Mörtel und Zugspannungen im Stein auf. Diese Querzugbeanspruchung im Stein setzt gleichzeitig die Druckfestigkeit des Steins herab. Wird die Last zu hoch, kommt es zu vertikalen Rissen in den Steinen und zu einem Versagen des Mauerwerks.

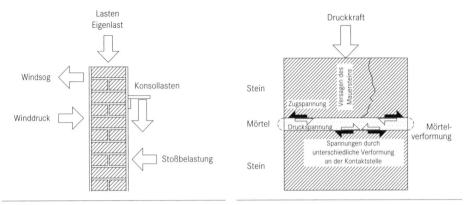

Abb. 28: Belastungen

Abb. 29: Tragverhalten

Eine ungleichmäßige Vermörtelung erhöht die Spannungsspitzen und die Gefahr des Versagens. Auch größere Fugendicken und die Verwendung von Leichtmörtel wirken sich wegen der höheren Verformbarkeit negativ aus. Vor allem schwere Steine mit hoher Rohdichte können Lasten gut

○ weiterleiten.

Poröse Steine und Hohlkammern schwächen den Querschnitt und somit die Tragfähigkeit. Die Haftung zwischen Stein und Mörtel sorgt auch für die Kraftaufnahme in horizontaler Richtung.

Obwohl sich die Steinfestigkeit maßgebend auswirkt, müssen auch Stein und Mörtel aufeinander abgestimmt werden, um ein Versagen der Fuge zu verhindern. Als Kenngrößen werden sowohl für den Stein als auch für den Mörtel Druckfestigkeitsklassen angegeben.

AUSSENWÄNDE

Außenwände aus Mauerwerk sind, soweit es sich nicht um Ausfachungen innerhalb anderer Tragsysteme (Fachwerkkonstruktionen, Bauplatten usw.) oder freistehende Mauern handelt, tragende Wände. Zudem

○ **Hinweis:** Die Rohdichte ist das Verhältnis von Masse zu Volumen. Da sich dieser Wert durch die Aufnahme von Wasser erhöht, wird bei Steinen meist der Wert im trockenen Zustand, die Trockenrohdichte, in kg/m³ angegeben.

trennen sie den Innen- vom Außenraum, d. h., sie müssen vor Kälte, Regen und Schnee schützen sowie Schall von außen abweisen. Gleichzeitig spielen gestalterische Fragen eine Rolle bei der Entscheidung, ob das Mauerwerk von außen sichtbar sein soll oder nicht.

Außenwände mit nur einer im Verband gemauerten Wand nennt man einschaliges Mauerwerk. Diese handwerklich einfach herzustellende Konstruktion muss alle Aufgaben der Außenwand übernehmen.

Einschaliges Mauerwerk

Dabei kommt es bei einschaligem Sichtmauerwerk, also einer von beiden Seiten oder zumindest von außen sichtbaren Mauerkonstruktion, zu einem Widerspruch zwischen dem Wärme- und dem Witterungsschutz. Um die heute üblichen Wärmeschutzkriterien zu erfüllen, müssen gut isolierende, poröse Steine verwendet werden. Da ruhende Luft eine sehr niedrige Wärmeleitfähigkeit (λ) besitzt und eine sehr geringe Dichte aufweist, bieten Steine mit einem hohen Luftanteil durch Poren oder Hohlkammern und somit einer niedrigen Rohdichte eine gute Wärmedämmung, gleichzeitig aber auch kaum Schutz vor äußeren Einflüssen. ○

Einschaliges Sichtmauerwerk

Ihre Poren durchfeuchten schnell, sie sind nicht frostbeständig und somit nicht für die ungeschützte Verwendung geeignet. Witterungsbeständige Steine mit hoher Rohdichte hingegen bieten einen geringen Wärmedurchlasswiderstand und würden zu unwirtschaftlichen Wandstärken führen. Daher ist diese Konstruktion heute so nicht mehr ausführbar. ○

Beim Verblendmauerwerk hingegen werden innerhalb des Verbandes einer mehrere Steine starken Wand zwei verschiedene Mauersteinarten verwendet, so dass die nach außen zeigende Steinreihe einen guten Witterungs- und Frostschutz bietet, die innere dagegen den Wärmeschutz übernimmt. Dabei kann der gesamte Querschnitt inklusive der Verblendung zum Lastabtrag hinzugezogen werden, wobei der Stein mit der niedrigeren Festigkeit maßgebend ist. Eine schichtweise versetzte, 2 cm starke und mit Dichtungsmörtel verschlossene Fuge zwischen den beiden Steinreihen bietet Schutz gegen Durchfeuchtung der inneren Steinreihe. Eine aufwendige Konstruktion, bei der die Steine gut aufeinander abgestimmt sein müssen, um unterschiedliche Setzungen und Verformungen zu vermeiden. Zudem ist durch häufig unterschiedliche Formate der Steine hier eine sehr genaue Planung notwendig. Für diese Konstruktion sprechen allein optische oder formale Gründe, die Verwendung eines speziellen

Verblendmauerwerk

○ **Hinweis:** Die Wärmeleitfähigkeit (λ) gibt an, wie viel Wärme unter festgelegten Bedingungen ein Bauteil durchlässt. Je kleiner der Wert ist, desto besser ist die Wärmedämmung.

○ **Hinweis:** Der Wärmedurchlasswiderstand (R) gibt, abhängig von der Dicke eines Bauteils, dessen Dämmvermögen an. Er berechnet sich aus dem Verhältnis von Schichtdicke zu Wärmeleitfähigkeit. Dabei werden auch die Übergänge an den Bauteilrändern eingerechnet und bei mehrschichtigen Bauteilen die Einzelwerte addiert.

| Verblendmauerwerk | mit Außenputz/ Wärmedämmputz | mit Innendämmung | Wärmedämmverbund- system | mit Bekleidung |

Abb. 30: Einschaliges Mauerwerk

Steines oder der Wunsch nach Verzicht auf Dehnfugen im sichtbaren Mauerwerk. > Kap. Außenwände

Aufgrund dieser Abhängigkeiten müssen bei einschaligem Mauerwerk zusätzliche Maßnahmen getroffen werden, um die Konstruktion vor der Witterung zu schützen.

Einschaliges Mauerwerk mit Außenputz

So kann z. B. ein Außenputz, der als Wärmedämmputz zusätzlich den Wärmeschutz verbessert, aufgebracht werden. Das Erscheinungsbild des Verbandmauerwerks geht beim einschaligen Mauerwerk mit Außenputz verloren, es können jedoch großformatige, im wilden Verband und im Dünnbett vermauerte Steine verwendet werden, die bessere Dämmeigenschaften aufweisen und wirtschaftlich verbaut werden. Da der gesamte Wandquerschnitt zur Wärmedämmung beiträgt, sind Schwächungen dieses Querschnitts zu vermeiden, um Wärmebrücken zu verhindern. Dies führt vor allem bei Stürzen und Deckenauflagern zu besonderen Konstruktionen.

Deckenauflager

Geschossdecken müssen durch ihr Auflager auf der Wand über Haftung und Reibung mit den Umfassungswänden verbunden werden. Dafür ist in der Regel eine Auflage von 10–12 cm notwendig.

Da Stahlbeton einen niedrigeren Wärmedurchlasswiderstand aufweist als Mauerwerk, schwächt eine vollflächige Auflagerung der Decke den Wärmeschutz. Es entstehen kältere Decken- und Wandbereiche, auf deren Innenseiten die warme Innenraumluft kondensieren kann.

> ● **Beispiel:** Das Büro Baumschlager Eberle hat in Lustenau beim Bürogebäude „2226" eine Außenwand eingesetzt, die aus zwei unterschiedlichen jeweils 38 cm starken Ziegelarten mit vermörtelter Fuge besteht. Hier steht die Speichermasse, das Raumklima und die Reduzierung der Energiekosten im Vordergrund.

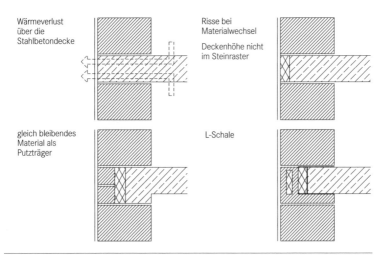

Abb. 31: Deckenauflager bei einschaligem Mauerwerk

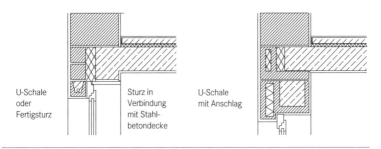

Abb. 32: Maueröffnungen bei einschaligem Mauerwerk

○ **Hinweis:** Wird die notwendige Fläche der Decken-auflagerung nicht erreicht, sind Zuganker aus Stahl notwendig, die in das Mauerwerk eingelegt werden. Da hierdurch horizontale Zugkräfte auf das Mauerwerk wirken, müssen die Wandbereiche eine entsprechende Auflast aufweisen, um durch diese Belastung den Zugkräften entgegenzuwirken. Daher ist eine Befesti-gung der Anker in Brüstungsbereichen nicht möglich. Über Zuganker können auch Giebelwände an die Dach-konstruktion angeschlossen werden.

● **Beispiel:** Tauwasser: Warme Luft kann mehr Wasser-dampf aufnehmen als kalte Luft. Trifft warme Luft auf kalte, entsteht Nebel bzw. Wasserdampf. Trifft warme Luft auf einen kalten Gegenstand, wird überschüssiges Wasser abgegeben: Es bildet sich Tauwasser. Bei geheizter Raumluft tritt bei einer schlecht gedämmten oder sogar ungedämmten Außenwand an der kalten Innenseite oder im abgekühlten Bauteil Wasser auf. Es kommt zu einem Bauschaden durch Frost oder Schimmel.

Vor der Außenkante der Decke muss deswegen eine zusätzliche Dämmung angeordnet werden. Dabei ist zu beachten, dass bei einschaligen verputzten Wänden an der Außenseite Risse aufgrund von unterschiedlichen Ausdehnungen und Verformungen an der Stelle des Materialwechsels auftreten können und dadurch die Schlagregendichtheit nicht mehr gewährleistet wird. Neben dem Aufbringen eines Gewebes, das die Übergangsstelle überbrückt und den Putz sichert, ist vor allem die Verwendung von L-Schalen zu empfehlen, die aus dem Wandmaterial hergestellt werden und zum Teil bereits Dämmstreifen aufweisen. Sie verhindern den Materialwechsel und dienen gleichzeitig als Schalungselement für den Stahlbeton.

○ Maueröffnungen

Auch bei Maueröffnungen entstehen diese Schwachstellen. Da Mauerwerk nicht auf Zug- bzw. Biegezug belastbar ist, können Maueröffnungen nicht ohne Unterstützung übermauert werden. Hier sind zusätzliche Balken notwendig, welche die Lasten abfangen und seitlich in die angrenzenden Wandteile weiterleiten. Da Stahl nicht den Brandschutzkriterien genügt, bestehen diese Balken meist aus Stahlbeton und müssen wie bei den Decken eine zusätzliche Wärmedämmung erhalten oder mit Hilfe von U-Schalen konstruiert werden. Diese Sonderbauteile können entweder vor Ort, z. B. im Zusammenhang mit dem Gießen der Betondecke, erstellt oder als Fertigsturz, werkseitig bewehrt, auf die Baustelle geliefert werden.

Ringanker / Ringbalken

U-Schalen können auch für die Ausführung von Ringankern und -balken verwendet werden. Durch äußere Einflüsse wie z. B. Windkräfte treten in einem Gebäude Zugkräfte auf, die durch die Decken als Scheibe weitergeleitet werden und nicht allein von den Wänden aufgenommen werden können. Bei Gebäuden mit mehr als zwei Geschossen, mit hohen Öffnungs- bzw. Fensteranteilen oder einer Länge über 18 m, müssen Ringanker diese Aufgabe für alle Außen- und Querwände übernehmen. Dies kann ebenso auf Grund entsprechender Baugrundverhältnisse erforderlich sein. Ringanker können als Stahlbetonbalken oder U-Schale unterhalb der Decke sowie aus bewehrtem Mauerwerk oder entsprechend bewehrten Deckenstreifen hergestellt werden. Bei Decken ohne Scheibenwirkung oder mit gleitenden Auflagern (z. B. unterhalb von Flachdächern) müssen die Ringanker als geschlossener Ring (Ringbalken) um das gesamte Gebäude geführt werden.

○ **Hinweis:** L- bzw. U-Schalen werden von den Mauersteinherstellern als vorgefertigte Bauteile angeboten. Entsprechend der Bezeichnung ist die L-Schale zur Auflagerung des Deckenrandes L-förmig ausgebildet (siehe Abb. 31). U-Schalen werden über Maueröffnungen und zur Erstellung von Ringbalken benutzt. Der Hohlraum dient dabei zur Aufnahme von Beton, der auf der Baustelle eingefüllt wird (siehe Abb. 32).

Um den Wärmeschutz der Wandkonstruktion zu verbessern, kann an der Innenseite eine Dämmung oder ein Wärmedämmputz aufgebracht werden. Diese Konstruktion ist bauphysikalisch allerdings problematisch, da die Gefahr besteht, dass an der Innenseite des kalten Mauerwerks Tauwasser anfällt und die Konstruktion durchfeuchtet, was zu Schimmel führen kann. Daher wird diese Konstruktion eher bei Sanierungen verwendet, wenn denkmalgeschützte Fassaden außen nicht verändert werden dürfen.

Einschaliges Mauerwerk mit Innendämmung

Um die eben genannten Probleme zu vermeiden, wird bei einem Wärmedämmverbundsystem die Dämmung nicht innen angebracht, sondern außen auf das Mauerwerk aufgeklebt und zusätzlich mit Ankern befestigt. Um die Dämmung jedoch vor der Witterung zu schützen, wird direkt auf den Dämmstoff eine spezielle, Feuchtigkeit bzw. Wasser abweisende Putzschicht aufgetragen. Da der Putz einen festen Untergrund benötigt und durch Einwirkungen von außen keine Löcher oder Druckstellen entstehen sollen, muss die Dämmung druckfest sein und genügend Widerstand bieten. Das WDVS ist ein aus wirtschaftlichen Gründen häufig verwendetes System, vor allem bei der Sanierung von Bestandsgebäuden. Dabei sind jedoch der Brandschutz und die Entsorgung nach dem Abriss bei vielen Systemen problematisch.

Wärmedämmverbundsystem (WDVS)

Eine weitere Methode, das tragende Mauerwerk zu schützen, ist das Anbringen einer vorgehängten Außenhaut. Diese Konstruktion aus Metall, Holz oder Faserzement kann direkt auf dem Mauerwerk oder mit Abstand für eine zusätzliche Dämmschicht angebracht werden. Dabei sind die Befestigungspunkte, die Kälte ins Mauerwerk führen können, sowie die ausreichende Hinterlüftung gegen Durchfeuchtung durch Wasser, das hinter die Verkleidung gelangt, zu beachten.

Einschaliges Mauerwerk mit Bekleidung

Kellerwände werden bei allen Konstruktionen einschalig hergestellt. Neben der häufig verwendeten Ausführung aus wasserundurchlässigem Stahlbeton („Weiße Wanne") ist auch eine günstigere Mauerwerkskonstruktion möglich. Kellerwände erfordern erhöhte Ansprüche an die Aussteifung gegen Erddruck, der senkrecht auf die Wandoberfläche wirkt, und an den Lastabtrag. Bei der Dimensionierung sind die Wandhöhe, der Erddruck und die Verkehrslast auf der Geländeoberfläche zu beachten. Dem Erddruck muss bei genutzten Kellerräumen mit höheren Anforderungen an den Wärmeschutz auch die außen vorgesetzte Wärmedämmung (Perimeterdämmung) standhalten und daher druckfest sein. Sie kann aus Schaumglasplatten, Polystyrol-Partikelschaum- oder Polystyrol-Extruderschaumplatten bestehen. Gegen die Feuchtigkeit des Erdreichs müssen Kellerwände zusätzlich abgedichtet werden. Während bei starker Beanspruchung durch drückendes Wasser die Betonausführung zu bevorzugen ist, sind bei schwacher Beanspruchung und nichtdrückendem Wasser eine horizontale und eine vertikale Abdichtung vorzusehen. Die horizontale Abdichtung aus Dichtungsbahnen ist auf der Betonplatte vollflächig aufzubringen und muss mit der vertikalen Abdichtung aus

Kellerwände

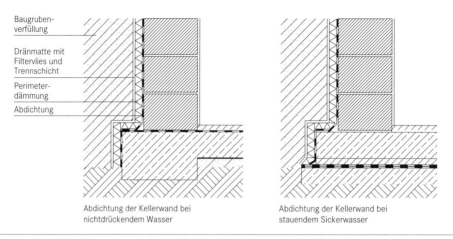

Baugruben-
verfüllung

Dränmatte mit
Filtervlies und
Trennschicht

Perimeter-
dämmung

Abdichtung

Abdichtung der Kellerwand bei
nichtdrückendem Wasser

Abdichtung der Kellerwand bei
stauendem Sickerwasser

Abb. 33: Kellerwand

Bahnen oder bituminösen Beschichtungen an der Außenseite der Wand unter der ersten Steinreihe hindurch verbunden werden. Einen zusätzlichen Schutz bietet die Ausführung als „Schwarze Wanne", bei der die horizontale Abdichtung unter der Bodenplatte auf eine Sauberkeitsschicht aus Beton aufgebracht und mit einem Schutzstrich versehen wird. Mit Hilfe einer Schutzschicht aus Dränmatten und Filtervlies, die gleichzeitig Wasser ableitet, kann sowohl die vertikale Abdichtung als auch eine mögliche Wärmedämmung gegen Beschädigungen durch das Erdreich beim
● Befüllen der Baugrube geschützt werden.

Sockelzone   Die Sockelzone ist durch das angrenzende Erdreich und Spritzwasser ebenfalls stärker belastet als das darüberliegende Mauerwerk. Daher muss sie bis zu einer Höhe von 30 cm über der Geländeoberkante durch eine vertikale Abdichtung vor Feuchtigkeit geschützt werden. Sie endet mit einer horizontalen Sperrschicht in voller Mauerbreite, die verhindert, dass die Feuchtigkeit weiter in das darüberliegende Mauerwerk aufsteigt. Zum Schutz dieser Abdichtung sind eine witterungsbeständige Steinreihe, eine Bekleidung oder das Aufbringen eines speziellen wasserabweisenden Sockelputzes vorzusehen. Der Übergang zwischen den Putzen kann

● **Wichtig:** Bei allen Abdichtungen sind Durchdringungen von Wand und Decke z. B. durch Sanitärrohre oder Hausanschlüsse besonders zu beachten und sorgfältig einzudichten.

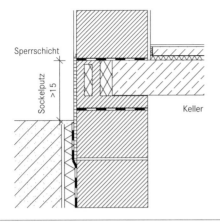

Sperrschicht

Sockelputz >15

Keller

Abb. 34: Sockelzone bei einschaligem Mauerwerk

ohne Struktur oder Ebenheitsunterschiede ausgeführt werden. Putzträger, z. B. aus Streckmetall, helfen, Risse an dieser Stelle zu vermeiden.

Bei einem zweischaligen Mauerwerk wird mit Abstand vor einer inneren Wand (Innenschale), die vor allem die Last abtragende Funktion übernimmt, eine zweite Wand (Außen- bzw. Verblendschale) gestellt, welche die Innenschale vor der Witterung schützt. Der Zwischenraum (Schalenabstand) kann nach DIN EN 1996 frei bleiben oder komplett bzw. zu einem Teil mit Dämmung gefüllt werden.

Die Luftschicht hat dabei die Aufgabe zu verhindern, dass Wasser direkt in die Innenschale und somit in den Innenraum gelangen kann und zu Feuchteschäden wie Schimmelbildung führt. Falls Feuchtigkeit durch die Außenschale eingedrungen ist, wird sie wieder über die Luftschicht abgeführt. Dazu sind im Sockelbereich sowie am Wandkopf und bei Maueröffnungen Be- und Entlüftungsöffnungen anzuordnen, die zumeist aus offenen Stoßfugen bestehen und mit einer horizontalen Feuchtigkeitssperre verbunden werden. Eine Dichtungsbahn oder Folie wird als so genannte Z-Sperre vollflächig in die Lagerfuge unterhalb der offenen Setzfugen eingelegt und mit 1–2 cm Gefälle an die Innenschale und dort 15 cm nach oben geführt.

Um eine ausreichende Hinterlüftung zu gewährleisten, sollte die Luftschicht mindestens 60 mm betragen, bei Abstrich des Fugenmörtels oder bei der Ausführung mit Dämmung mindestens 40 mm. Obwohl stehende Luftschichten, zu denen auch die Hinterlüftung zählt, eine niedrige Wärmeleitfähigkeit aufweisen, ist es aus Wärmeschutzgründen meist erforderlich, eine Dämmschicht in den Zwischenraum zu integrieren. Wird da-

Zweischaliges Mauerwerk

Zweischaliges Mauerwerk mit Luftschicht

 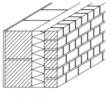 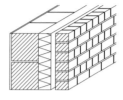

mit Luftschicht   mit Kerndämmung   mit Dämmung und Luftschicht

Abb. 35: Zweischaliges Mauerwerk

bei der ganze Schalenzwischenraum ausgefüllt, spricht man von einem zweischaligen Mauerwerk mit Kerndämmung.

Diese Ausführung ermöglicht es, den Wärmedurchlasswiderstand, nicht aber die Steinstärken und somit die Gesamtwandstärke zu erhöhen. Die Dämmung kann aus Platten oder Bahnen bestehen, die an der Innenschale befestigt oder in Form von losen Granulaten oder Gemischen in die Fuge geschüttet werden, wobei auf eine gleichmäßige Verteilung geachtet werden muss. Der Nachteil dieser Konstruktion liegt im Eintritt von Wasser hinter die Vorderschale. Dies kann nur schwer wieder abgeführt werden und verringert die wärmedämmenden Eigenschaften der Konstruktion, da feuchte Baustoffe eine höhere Wärmeleitfähigkeit besitzen als trockene. Daher müssen die Dämmstoffe dauerhaft wasserabweisend sein, Stöße und Verbindungsstellen müssen einen Wassereintritt verhindern. So sind weichere Mineralfaserbahnen dicht zu stoßen und Schaumkunststoffe mit Stufenfalz oder Nut und Feder zu versehen. Materialbeschädigungen durch die Befestigung der Platten oder der Außenschale sind abzudichten. Bei Schüttungen ist außerdem darauf zu achten, dass kein Material aus den Entwässerungsöffnungen austreten kann, z. B. durch den Einbau eines nichtrostenden Lochgitters.

Die Vorteile beider zuvor beschriebenen Konstruktionen verbindet das zweischalige Mauerwerk mit Dämmung und Luftschicht.

An der inneren Schale befestigt, wird eine Schicht aus wasserabweisenden Wärmedämmplatten bzw. -matten von der äußeren Schale durch eine mindestens 4 cm starke Luftschicht getrennt. In der Ausführung zwar aufwendiger als andere Konstruktionen, bietet sie durch die strikte Trennung von Tragen, Dämmen, Feuchte- und Witterungsschutz durch die ver-

Zweischaliges Mauerwerk mit Kerndämmung

Zweischaliges Mauerwerk mit Dämmung und Luftschicht

44

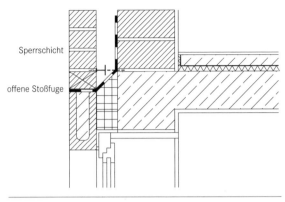

Sperrschicht

offene Stoßfuge

Abb. 36: Belüftungsöffnung bei zweischaligem Mauerwerk

schiedenen Schichten die besten Eigenschaften, ist aber auch mit einer höheren Konstruktionsdicke verbunden.

Die Innenschale sorgt bei allen Konstruktionen hauptsächlich für die Standsicherheit und den Lastabtrag. Hierfür können tragfähige Steine mit einer hohen Rohdichte verwendet werden, die zwar nur einen geringen Wärmedurchlasswiderstand, aber einen hohen Schallschutz bieten. Grundsätzlich können in der Innenschale alle genormten und von der Bauaufsicht zugelassenen Steine und Mauermörtel verwendet werden. > Kap. Baustoffe Da auf der Innenseite meist eine Innenputzschicht aufgetragen wird, welche die Mauersteine verdeckt, können hier auch großformatige Plansteine verwendet werden, die im wilden Verband und im Dünnbett vermauert zwar den Verbandsregeln widersprechen, dafür jedoch hohe Festigkeiten aufweisen. Die Auflagerung von Betondecken stellt bei den gedämmten Ausführungen kein Problem dar. Die Wärmedämmung kann vor der Innenschale durchlaufen, die Decke vollflächig aufliegen und der Wärmeschutz gegebenenfalls durch einen vorgelagerten Dämmstreifen zusätzlich verbessert werden.

○

Innenschale

○ **Hinweis:** Der Schalenabstand zwischen Innenschale und Verblendschale darf bei Verwendung von Drahtankern, die in Form und Maßen DIN EN 1996-2/NA entsprechen, höchstens 150 mm dick sein.

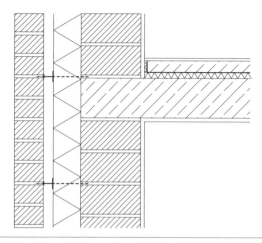

Abb. 37: Deckenauflager bei zweischaligem Mauerwerk

Außenschale

Die Außenschale schützt das restliche Mauerwerk vor äußeren Einflüssen und der Witterung. Daher dürfen hier nur Steine verwendet werden, die diesen Bedingungen entsprechen und somit unempfindlich gegen Frost, Feuchtigkeit und äußere Einwirkungen sind. Diese Steine werden als Vormauersteine bzw. Verblender und Klinker von Ziegel-, Kalksandstein- und Betonsteinherstellern angeboten. > Kap. Baustoffe Auch bei den Mörtelarten gibt es spezielle Vormauermörtel, die wenig Wasser aufnehmen und ausblüharm sind, also keine Verfärbungen durch abgelagerte Salze erzeugen.

Die äußere Schale prägt das Erscheinungsbild des Gebäudes und zeigt im Idealfall die beschriebenen Schulverbände. Dennoch kann diese Schale nur die Eigenlasten aufnehmen und muss gegen Winddruck und Windsog über Drahtanker mit der Innenschale verbunden werden, um ein Umkippen, Knicken oder Ausbeulen zu verhindern. Die DIN EN 1996-2/NA gibt einen Regelanker vor, der den Abstand der Schalen auf 15 cm beschränkt, wobei ein vertikaler Abstand von 500 mm und horizontal von 750 mm nicht unterschritten werden soll. Abhängig vom Abstand der Schalen und der Wandhöhe werden die Anzahl der Anker sowie deren Durchmesser festgelegt. Dabei sind freie Ränder von Öffnungen, Gebäudeecken oder Dehnfugen sowie abgerundete Bauteile gesondert zu betrachten und die Anzahl entsprechend zu erhöhen. Um zu verhindern, dass über die Anker Feuchtigkeit von der äußeren zur inneren Schale transportiert wird, müssen entsprechende Maßnahmen getroffen werden, wie z. B. das Aufschieben von Kunststoffscheiben, an denen das Wasser im Zwischenraum abtropfen kann.

Abfangungen

Zusätzlich zu der Befestigung über die Maueranker muss die Außenschale regelmäßig abgefangen und an der Innenschale befestigt werden,

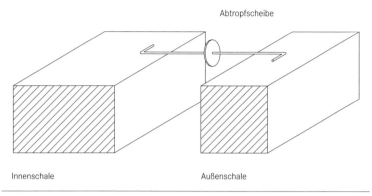

Abtropfscheibe

Innenschale   Außenschale

Abb. 38: Drahtankerkonstruktion nach DIN EN 1996-2/NA

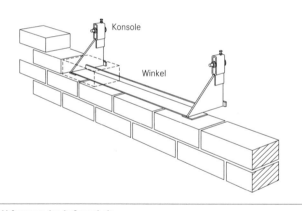

Konsole

Winkel

Abb. 39: Abfangung der Außenschale

um bei größeren Höhen die Eigenlast neben der Auflagerung am Sockel gleichmäßig in die Tragschale einzuleiten. Hierfür werden nichtrostende Konsolanker und Winkelkonsolen oder thermisch getrennte Decken-vorsprünge genutzt. Abstände der Abfangung, Höhen der Schalen und mögliche Überstände am Auflager sind in der DIN EN 1996-2/NA geregelt.

Am Fußpunkt muss ein Abrutschen der Schale verhindert werden. Daher sollte die erste Ankerlage so tief wie möglich angesetzt werden. Die untere Abdichtungsbahn ist bis zur Vorderkante der Außenschale zu führen.

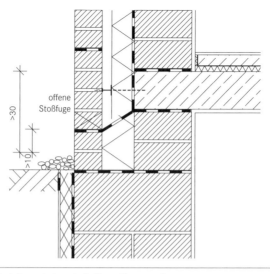

offene
Stoßfuge

>30

>10

Abb. 40: Sockelzone bei zweischaligem Mauerwerk

Die Mindeststärke der Außenschale beträgt 9 cm. Darunter spricht man von einer Wandbekleidung. > Kap. Mauerwerkskonstruktionen, Außenwände Da aus Platz- und somit Kostengründen die Außenschale meist in ½-Stein-Stärke ausgeführt wird, sind die gezeigten Verbände nicht regelgerecht, da die Schulverbände abgesehen vom Läuferverband so nicht auszuführen sind. Zudem bewirkt der durch die Anker bestimmte Abstand der Schalen, dass bei der Außenschale das oktametrische System in der Schicht nicht aufgeht und Steine geschnitten werden müssen. Um den Abstand zu erhöhen müssen spezielle Anker eingesetzt werden, die eine bauaufsichtliche Zulassung benötigen. Sie ermöglichen zudem auch den Einsatz von größeren Dämmstoffdicken. Die Regelanker beschränken bei 15 cm Schalenabstand und 4 cm Luftschicht die Dämmstoffdicke auf 11cm, was bei den immer höheren Anforderungen an den Wärmeschutz häufig zu wenig ist.

Öffnungen Aus ästhetischen Gründen soll der Verband meist über die gesamte Wandfläche durchlaufen. Daher sind bei Öffnungen, Fenstern und Türen sowie bei Auskragungen besondere Verankerungen vorzusehen, welche die Steine in ihrer Position halten. Häufig werden die Stürze als Grenadierschicht ausgeführt. Diese ist jedoch im Gegensatz zu den bereits beschriebenen Bogenkonstruktionen keine regelgerechte Konstruktion und darf keine Lasten aufnehmen. Daher sind die Steine auf Winkel aufzulagern, was kostengünstig, aber von außen sichtbar ist. Oder sie werden mit einer unsichtbaren Fugenbewehrung versehen, welche die Steine an ihrem Platz hält. Zudem bieten Steinhersteller U-Schalen an, die bewehrt

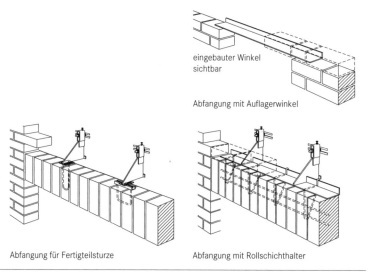

eingebauter Winkel
sichtbar

Abfangung mit Auflagerwinkel

Abfangung für Fertigteilsturze

Abfangung mit Rollschichthalter

Abb. 41: Abfangungen über Wandöffnung bei zweischaligem Mauerwerk

und ausbetoniert werden. Diese Konstruktionen leiten die Lasten in die seitlich angrenzenden Wandflächen. Alle Metallteile sind nichtrostend und am besten aus nichtrostendem Stahl herzustellen, da Verzinkungen bei Einbau und Transport beschädigt werden können und Fehlstellen nach dem Einbau weder erkennbar noch zugänglich sind.

Durch das Einwirken von Temperatur und Witterung verformt sich ab- Fugen hängig von Material, Farbe und Ausrichtung die Außenschale anders als die Innenschale. Daher müssen vertikale und horizontale Bewegungsfugen in der Außenschale eingeplant werden, die diese Verformung aufnehmen. Neben den materialbedingten Abständen der Dehnungsfugen > Tab. 1 sollten die Wände an den Ecken aufgrund des Einflusses der Himmelsrichtung getrennt werden, wobei die Ausdehnung der Westwand am größten und die der Nordwand am geringsten ist. Diese Fugen können jedoch um den halben Abstand der Fugen zur Wandmitte verschoben werden, wenn dies architektonisch gewünscht ist. Risse im Bereich von Fensterbrüstungen aufgrund der unterschiedlichen Belastung von Brüstung und umgebendem Mauerwerk lassen sich ebenfalls durch beidseitige Dehnungsfugen verhindern. Eine konstruktive Bewehrung im oberen Brüstungsbereich kann diese Fugen ersetzen. Horizontale Fugen sind immer unter den Abfangungen zu planen.

Die Fugen können entweder mit dauerelastischer Dichtmasse auf einer Schaumstoffrundschnur, mit einem vorkomprimierten Dichtungsband von der Rolle oder mit einem Dichtungsprofil, das in der Fuge eingeklemmt oder in die Fuge geklebt wird, verschlossen werden.

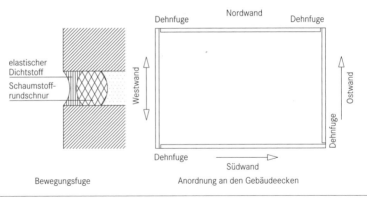

Abb. 42: Bewegungsfugen

Tab. 1: Fugenabstand

Verblendschalen[a] mit Mauerwerk aus	Abstand zwischen den Dehnungsfugen in m
Ziegelmauerwerk	12[b]
Kalksandstein	8
Mauerwerk aus Beton (mit Zuschlag)	6
Natursteinmauerwerk	12

a) Zweischaliges Mauerwerk mit Luftschicht und Wärmedämmung, b) Dehnungsfugenabstand in Abhängigkeit von Format, Farbe und insbesondere bei Kerndämmung empfohlen: 8–12 m, Aus: Ziegel Lexikon Mauerwerk Ausgabe 2018, Ziegel Zentrum Süd e.V. München

Nichttragende
Außenwände –
Freistehende Mauern

Freistehende Mauern sind in ihrer Höhe stark begrenzt, da sie nur am Fußpunkt aufgelagert sind und keine stabilisierende Auflast erfahren. Daher sind größere Wandstärken oder stabilisierende Maßnahmen wie Mauervorlagen oder Pfeiler erforderlich. Im Außenraum Wind und Wetter ausgesetzt, müssen sie frostbeständige Baustoffe und Gründungen aufweisen und gegen Feuchtigkeit geschützt werden. Im Sockelbereich sind horizontale Sperrschichten notwendig, und die Mauerkrone ist durch Formsteine, Bleche oder Betonabdeckungen und Sperrschichten zu schützen.

Abbildung 44 zeigt einen exemplarischen Vergleich der unterschiedlichen Wandkonstruktionen unter Verwendung des gleichen Mauersteins. Je geringer der angegebene Wärmedurchgangskoeffizient U ist, desto besser die Wärmedämmung. Dabei kommt es weniger auf den genauen Wert als auf die Relation der Ergebnisse an.

○ **Hinweis:** Der Wärmedurchgangskoeffizient ist der Kehrwert aus der Summe aller Wärmedurchlass- und Übergangskoeffizienten.

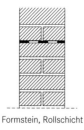
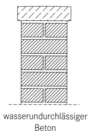
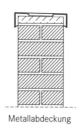

| Formstein, Rollschicht | wasserundurchlässiger Beton | Metallabdeckung |

Abb. 43: Mauerabdeckungen

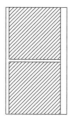
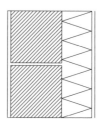

mit Außenputz

Mineral. Leichtputz 2cm 0,31W/mK
Planziegel 30cm 0,14W/mK
Innenputz 1,5cm 0,70 W/mK

U=0,417 W/m²K

mit Wärmedämmputz

Wärmedämmputz 3cm 0,07W/mK
Planziegel 30cm 0,14W/mK
Innenputz 1,5cm 0,70 W/mK

U=0,362 W/m²K

Wärmedämmverbundsystem

Wärmedämmverbundsystem 6cm 0,035W/mK
Planziegel 30cm 0,14W/mK
Innenputz 1,5cm 0,70 W/mK

U=0,234 W/m²K

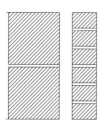
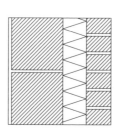
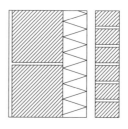

mit Luftschicht

Verblender 11,5cm 0,68W/mK
Luftschicht (Drahtanker) 4cm
Planziegel 30cm 0,14W/mK
Innenputz 1,5cm 0,70 W/mK

U=0,412 W/m²K

mit Kerndämmung

Verblender 11,5cm 0,68W/mK
Kerndämmung 6cm 0,035W/mK
Planziegel 30cm 0,14W/mK
Innenputz 1,5cm 0,70 W/mK

U=0,236 W/m²K

mit Dämmung und Luftschicht

Verblender 11,5cm 0,68W/mK
Luftschicht (Drahtanker) 4cm
Kerndämmung 6cm 0,035W/mK
Planziegel 30cm 0,14W/mK
Innenputz 1,5cm 0,70 W/mK

U=0,242 W/m²K

Abb. 44: Vergleich der Wandkonstruktionen

INNENWÄNDE

Innenwände haben keine direkte Verbindung zum Außenraum. Sie werden bereits durch die Außenwände, Decken und Böden vor Kälte, Regen und Schnee geschützt. Ihre Hauptaufgabe liegt im Trennen von Innenbereichen, Nutzungszonen oder Sichtbeziehungen. Diese Trennung kann eine erhöhte Schallschutzanforderung notwendig machen, z. B. zwischen unterschiedlichen Wohnungen, zwischen Schlaf- und Wohnbereichen, zwischen Büro- und Fertigungsbereichen, oder sie kann dem Brandschutz dienen.

Teilweise müssen Innenwände auch zum Lastabtrag des Gebäudes hinzugezogen werden oder dienen zur Aussteifung des Gebäudes oder einzelner Wandabschnitte. Sie können somit in direkter Verbindung mit den angrenzenden Bauteilen tragend oder nichttragend ausgebildet werden, wobei sie nur ihr Eigengewicht und die auf ihre Fläche wirkenden Horizontallasten auf andere Bauteile weiterleiten müssen, um nicht umzukippen. Diese unterschiedlichen Anforderungen spiegeln sich sowohl in der Dimensionierung als auch in der Detailausbildung der Anschlusspunkte wider. Für Innenwände spielt hauptsächlich die Rohdichte mit Auswirkung auf Festigkeit und vor allem Schallschutz eine Rolle. Hier bieten Steine mit hoher Masse und Rohdichte gleichzeitig hohe Festigkeiten und einen guten Schallschutz.

Tragende und aussteifende Innenwände

Die Mindeststärke einer tragenden Innenwand beträgt laut DIN EN 1996-1-1/NA 11,5 cm, wobei Schlitze und Aussparungen in der Wand beachtet werden müssen. Diese Innenwände dienen der Aussteifung des Gebäudes und als Deckenauflager. Bei aussteifenden Wänden ist der Verbund mit der auszusteifenden Wand zug- und druckfest auszubilden; für die Stabilität sollten möglichst Baustoffe mit annähernd gleichen Verformungsverhalten gewählt werden. Den Verbund erreicht man durch ein gleichzeitiges Hochmauern beider Wände im Verband oder durch Aussparungen (Lochzahnung) oder vorstehende Steine (Stockzahnung) in der auszusteifenden Wand, an die später angearbeitet wird. Eine dadurch ermöglichte spätere Errichtung der aussteifenden Wände ist vorteilhaft, wenn zusätzlicher Platz z. B. für Arbeitsgerüste benötigt wird. Diese Methode erfordert jedoch zusätzliche Bewehrungseisen in den Fugen zur Aufnahme von Zugkräften.

Eine effiziente Alternative ist das stumpfe Anmauern, das ebenfalls Zugeisen oder Anker benötigt; die Fuge wird abschließend vermörtelt. Dieser Anschluss ist jedoch nur bei Innenecken möglich und hat den Vorteil, dass beim Anschluss an Außenwände der Wärmeschutz der Außenwand nicht durch eingreifende Verzahnung mit den Steinen der Innenwand, die aus anderen Steinen bestehen können, gestört wird.

Haustrennwand

Trennwände angrenzender Wohngebäude müssen aus Schallschutzgründen immer aus einer zweischaligen Wandkonstruktion bestehen. Dabei ist die Breite des Zwischenraumes abhängig von der Masse der

Trennschalen. Es empfiehlt sich jedoch eine Breite von 5 cm. Der Hohlraum sollte mit dicht gestoßenen, vollflächig verlegten Mineralfaserplatten nach DIN EN 13162 ausgefüllt werden. Eine zweilagige Ausführung mit versetzten Stößen verbessert die Schalldämmung zusätzlich. Hartschaumplatten sind unzulässig. Dabei ist immer zu beachten, dass kein Mörtel in die Fuge tropft. Beim Mauern oder Anschließen der Decken ist die Dämmung daher immer über den Wand- oder Deckenrand hinauszuführen.

Nichttragende Innenwände dürfen weder zur Aussteifung noch zum Lastabtrag hinzugezogen werden und keiner Windlast ausgesetzt sein. Sie tragen allein ihr Eigengewicht sowie leichte Konsollasten (z. B. Regale, Bilder usw.) und müssen Anpralllasten in angrenzende Bauteile weiterleiten. Abhängig von der Wandhöhe, der Art, wie häufig die Wand mit angrenzenden Bauteilen verbunden ist (zweiseitige bis vierseitige Halterung), sowie von möglichen Auflasten durch Deckenverformungen wurden Wandlängen ermittelt und tabellarisch zusammengefasst, die ohne Nachweis verwendet werden können.

Die Anschlüsse an angrenzende Bauteile können starr oder gleitend ausgebildet werden. Starre Anschlüsse sind einzusetzen, wenn geringe Belastungen durch andere Bauteile auftreten, die zu Zwängungen führen könnten. Sie bieten gute Schall- und Brandschutzeigenschaften und wirken optisch unauffällig, da sie durch Anmörteln, Stahleinlagen oder Verzahnung ausgeführt werden.

Gleitende Anschlüsse werden durch Stahlprofile oder gleitende Anschlussanker ausgeführt und können gewisse Verformungen aufnehmen. Diese Anschlüsse sind aufwendiger und teilweise sichtbar bzw. zu verdecken.

Nichttragende Innenwände

● **Wichtig:** Für Mauerwerk ohne vermörtelte Stoßfugen gelten spezielle Berechnungen!

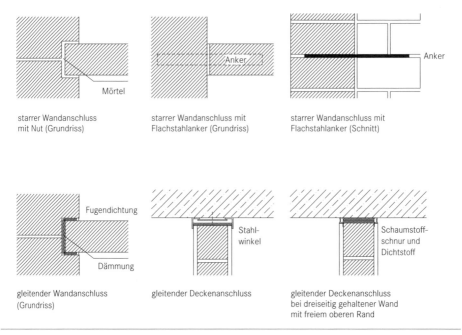

starrer Wandanschluss
mit Nut (Grundriss)

starrer Wandanschluss mit
Flachstahlanker (Grundriss)

starrer Wandanschluss mit
Flachstahlanker (Schnitt)

gleitender Wandanschluss
(Grundriss)

gleitender Deckenanschluss

gleitender Deckenanschluss
bei dreiseitig gehaltener Wand
mit freiem oberen Rand

Abb. 45: Starre und gleitende Anschlüsse

SCHLITZE UND AUSSPARUNGEN

Bei der Dimensionierung von Wänden ist die Beeinträchtigung des Querschnitts durch Schlitze und Aussparungen, z. B. für Elektro- oder Sanitärinstallationen, zu beachten. Dabei dürfen bestimmte Grenzwerte nicht überschritten werden. Viele Hersteller bieten spezielle Steine an, die bereits Öffnungen für die Installationen vorsehen. Die DIN EN 1996-1-1/NA gibt Grenzwerte vor, bis zu welchen eine Ausführung ohne rechnerischen Nachweis möglich ist. Schlitze sind in Wandstärken ab 11,5 cm möglich (1 cm tief, ab 17,5 cm bis zu 3 cm).

Baustoffe

Während der Mauerstein in den vorausgegangenen Kapiteln allgemein beschrieben und nur durch Dimension, Geometrie oder Einsatzort unterschieden wurde, stellt sich nun die Frage, welcher Baustoff für welche Konstruktion und die damit verbundenen Aufgaben geeignet ist. Verschiedene Stein- und Mörtelarten sollen nachfolgend aufgelistet und unterschieden werden.

MAUERSTEINARTEN

Neben den vielen Natursteinarten, die hier aufgrund der seltenen Anwendung als reiner Mauerstein im Hochbau nicht weiter vertieft werden sollen, gibt es eine ebenso große Vielfalt an künstlich hergestellten Steinen. Zur Erfüllung jeweils unterschiedlicher Aufgaben des Mauerwerks – Tragen, Trennen, Verblenden, Dämmen, Schützen – weisen sie die unterschiedlichsten Ausführungen und Eigenschaften auf. Entsprechend der zuvor beschriebenen Abhängigkeiten zwischen der Steinrohdichte und den Anforderungen lässt sich Folgendes zusammenfassen:

Hohe Trockenrohdichte	=	hohe Druckfestigkeit
Hohe Trockenrohdichte	=	guter Schallschutz
Niedrige Trockenrohdichte	=	hohe Wärmedämmung

Mauerwerksnormen: harmonisierte europäische Produktnorm

Im Rahmen der Angleichung europäischer Rechts- und Verwaltungsvorschriften gilt in den Mitgliedsländern der Europäischen Union die harmonisierte europäische Produktnormenreihe EN 771 (Festlegungen für Mauersteine). Die Reihe besteht aus folgenden Teilen:

EN 771-1 Mauerziegel
EN 771-2 Kalksandsteine
EN 771-3 Betonsteine
EN 771-4 Porenbetonsteine
EN 771-5 Betonwerksteine (mit dichtem und porigem Gefüge)
EN 771-6 Natursteine

Die Normen beinhalten grundsätzliche Angaben zu den Ausgangsstoffen, der Herstellung, den Anforderungen, der Beschreibung und Prüfung von Mauerwerkssteinen. Dabei verzichten sie auf die Festlegung von genauen Werten für Größen, Sollmaße und Winkel. Um in Europa gehandelt werden zu dürfen, müssen entsprechende Bauprodukte als Zeichen der Übereinstimmung mit diesen Normen mit dem CE-Kennzeichen versehen sein. Die Zulassung der Bauprodukte und somit die Erlaubnis, diese zu verwenden, liegt jedoch weiterhin in nationaler Verantwortung.

In Deutschland gelten bezüglich der Planung, Bemessung und Aus- Bemessungsnormen
führung von Mauerwerk weiterhin die Bemessungsnormen, welche den
Brandschutz (DIN 4102), den Wärmeschutz (DIN 4108) und den Schallschutz (DIN 4103) regeln. Die Standsicherheit richtet sich nach den Normen der DIN EN 1996 Eurocode 6 mit den Ergänzungen der Nationalen
Anhänge (z.B. DIN EN 1996-1-1/NA). Nur wenn die Bauprodukte auch
den darin beschriebenen Anforderungen entsprechen, können sie in
Deutschland zugelassen werden.

GENORMTE MAUERSTEINE

Der Mauerziegel ist eines der ältesten künstlichen Baumaterialien Mauerziegel
der Welt und wurde bereits vor über 4000 Jahren in den Städten der
Harrapakultur am Indus vorfabriziert. Er besaß schon damals die unge-
fähren Maße und die Gestalt des heutigen Standardziegels. Nach zu-
nächst in der Sonne getrockneten Lehmziegeln entwickelte sich über den
gebrannten Tonziegel ein High-Tech-Produkt, das mit verbrennenden Zuschlägen versehen porös und somit hoch wärmedämmend wird oder bis
zur Sinterung gebrannt vor äußeren Einwirkungen schützt und das Bild
vom Mauerwerksbau geprägt hat. Form, Verarbeitung und Material wurden weiterentwickelt und bieten heute eine hoch spezialisierte Vielfalt
an Steinen, deren Form und Anforderung genauestens durch Normung
festgelegt sind. Der Ziegel steht für eine lange handwerklich orientierte
Tradition und gleichzeitig für einen fortschrittlichen und ökonomischen
Baustoff. Bei der Herstellung werden Ton und Lehm zusammen mit
Wasser vermengt, durch eine Presse zu einem Strang geformt, in entsprechende Größen geschnitten und gebrannt.

Die DIN EN 771-1 unterscheidet P-Ziegel und U-Ziegel und unterteilt
diese in die Kategorien I und II, die eine Toleranzgrenze für die Einhaltung
der Druckfestigkeit und somit der Qualität festlegen. Für die Einteilung
in die Kategorie I darf die Wahrscheinlichkeit des Abweichens von der deklarierten Druckfestigkeit nicht über 5% liegen. Alle übrigen Steine der
Kategorie II werden nicht mehr in die nationalen Normen aufgenommen.

● **Wichtig:** Zur Vergleichbarkeit der Werte für die CE-Kennzeichnung mit den nationalen
Anforderungen der Bemessungsnormen fungieren in Deutschland die sogenannten Anwen-
dungsnormen als Übersetzer und geben genaue Werte oder zulässige Bereiche für die
deklarierten Angaben Entsprechend der harmonisierten europäischen Produktnormen gelten:

DIN 20000-401	Regeln für die Verwendung von Mauerziegeln nach DIN EN 771-1
DIN 20000-402	Regeln für die Verwendung von Kalksandsteinen nach DIN EN 771-2
DIN 20000-403	Regeln für die Verwendung von Mauersteinen aus Beton (mit dichten und porigen Zuschlägen) nach DIN EN 771-3
DIN 20000-404	Regeln für die Verwendung von Porenbetonsteinen nach DIN EN 771-4

Abb. 46: Mauerziegel

P-Ziegel zur Verwendung in geschütztem Mauerwerk (vor eindringendem Wasser geschützt) werden hauptsächlich für die innere Tragschale eines zweischaligen Mauerwerks oder für verputztes einschaliges Mauerwerk benutzt, da sie eine niedrige Trockenrohdichte (<1000 kg/m³) und somit eine gute wärmedämmende Eigenschaft besitzen. Dies wird durch Zuschläge aus Polystyrolkugeln oder Sägemehl erreicht, die bei der Herstellung verbrennen und Luftporen zurücklassen.

Tab. 2: Mauerziegel

Stoff:	Ton, Lehm, tonige Massen						
Zusatzstoffe:	Sägemehl, Polystyrolperlen (optional)						
Herstellung:	Geformt und gebrannt						
Maßangabe:	In mm (z. B. 240 × 300 × 238) In Vielfaches von DF (z.B. 10DF)						
Steinarten	Bezeichnung		Festigkeitsklasse*		Rohdichteklasse*		
			nach DIN	häufig verwendet	nach DIN	häufig verwendet	
LD-Ziegel	Hlz	Leichthochlochziegel	4–28	6–16	0,8–1,0	0,8–0,9	
	T	Mauertafelziegel	6–28	6–6	0,8–1,0	0,8–0,9	
HD-Ziegel	Mz	Vollziegel	4–60	8–36	1,2–2,2	1,6–2,2	
	Hlz	Hochlochziegel	4–60	8–20	1,2–2,2	1,2–1,6	
	VMz	Vormauer-Vollziegel	4–60	8–36	1,8–2,2	1,8–2,2	
	VHlz	Vormauer-Hochlochziegel	4–60	8–28	1,2–2,2	1,2–1,6	
	KMz	Vollklinker	28–60	28–36	1,8–2,2	1,8–2,0	
	KHlz	Hochlochklinker	28–60	28–36	1,6–2,0	1,8	
	KK	Keramikvollklinker	60	60	1,4–2,2	2,0–2,2	
	KHK	Keramikhochlochklinker	60	60	1,4–2,2	1,8–2,2	
	T	Mauertafelziegel	4–60	8–48	1,2–2,2	1,2–1,6	

*aus: Graubner, Rast (Hrsg.); Mauerwerksbau aktuell 2016; Beuth Verlag; Berlin, Wien, Zürich 2016; S. B8-ff.

Dagegen sind U-Ziegel Mauerziegel zur Verwendung in ungeschütz-
tem Mauerwerk mit einer Brutto-Trockenrohdichte >1000 kg/m³. Hier-
unter fallen resistente Steine für die Außenschale sowie schwere schalldämmende Steine für Innenwände.

In diesen Kategorien unterscheidet man:

Vollziegel	U-Ziegel mit einer senkrechten Lochung, die maximal 15% der Lagerfläche oder 20% des Volumens einnimmt.
Hochlochziegel	P- oder U-Ziegel mit einer senkrechten Lochung, deren Anteil an der Lagerflä-che zwischen 15% und 50% liegt. Dabei unterscheidet man die Lochungsarten A,B,C und W.
Wärmedämmziegel	P-Ziegel mit erhöhter Anforderung an den Wärmeschutz und spezielle Lochungsart.
Vormauer-Vollziegel/ Vormauer-Hochlochziegel	Bezeichnung für Steine, die zusätzlich zu der Anforderung an die Lochung frost-beständig sind.
Klinker	Klinker sind bis zur Sinterung gebrannte U-Ziegel. Sie nehmen nur geringe Men-gen Wasser auf, gehören mindestens der Druckfestigkeitsklasse 28 an, sind frost-beständig und stellen zusätzliche An-forderungen an die Rohdichte. Dabei unterscheidet man nach den bereits ge-nannten Kriterien zwischen Vollklinkern und Hochlochklinkern mit der Lochung A, B, C. Hochfeste Klinker müssen min-destens die Festigkeitsklasse 36 errei-chen.
Keramikklinker	Klinker, die mindestens der Druckfestig-keitsklasse 60 und der Rohdichteklasse 1,4 angehören, sind besonders wider-standsfähig und beständig.
Mauertafelziegel	Sie besitzen für die Herstellung von be-wehrtem Mauerwerk Kanäle für die Auf-nahme von Mörtel oder Beton.

Zusätzliche Festlegungen betreffen die Ausbildung von Grifflöchern,
die eine Verarbeitung der Ziegel vereinfachen, oder die Ausbildung von
Mörteltaschen oder Nut- und Feder- Systemen, die ohne eine sichtbare
Vermörtelung der Stoßfugen auskommen.

Abb. 47: Kalksandsteine

Kalksandsteine Kalksandsteine werden erst seit ihrer Patentierung 1880 hergestellt. Im Gegensatz zu Ziegeln werden sie nicht gebrannt. Stattdessen wird unter hohem Druck ein Gemisch aus Sand, Wasser und Kalk gehärtet.

Wie bei den Ziegeln unterscheidet man P- und U-Steine, Voll- und Lochsteine abhängig vom Lochanteil, wobei der Grenzwert bei 15% der Lagerfläche liegt und maximal 50% betragen darf. Beide Sorten müssen eine Steinhöhe unter 123 mm aufweisen. Bei größeren Höhen spricht man von KS-Blocksteinen bzw. KS-Hohlblocksteinen. Für Mauerwerk, das der Witterung ausgesetzt wird, werden KS-Vormauersteine und KS-Klinker angeboten.

Abhängig von der Verarbeitung gibt es KS-Plansteine für das Versetzen in Dünnbettmörtel und KS-R-Steine, die durch ihr Nut-Feder-System ohne Vermörtelung der Stoßfuge auskommen. > Kap. Konstruktionsregeln, Ausführungsregeln und Neue Ausführungsarten

Tab. 3: Kalksandsteine

Stoff:	Kalk, Sand (Quarzsand), Wasser				
Zusatzstoffe:	Farb- und Wirkstoffe				
Herstellung:	Gemischt, geformt und unter Druck gehärtet				
Maßangabe:	In mm (z. B. 240 × 300 × 238) und in Vielfaches von DF (z. B. 10DF)				
Steinarten	Bezeichnung		Festigkeitsklasse*		Rohdichteklasse*
			nach DIN	häufig verwendet	nach DIN	häufig verwendet
	KS	KS-Voll- und Blocksteine	4–60	12, 20	0,6–2,2	1,8–2,0
	KS-L	KS-Loch- und Hohlblocksteine	4–60	12	0,6–2,2	1,2–1,6
	KSVm	KS-Vormauersteine	4–60	12	0,6–2,2	1,8–2,0
	KSVb	KS-Verblender	4–60	20	0,6–2,2	1,8–2,0
	KSVmL	KS-Vormauersteine als Loch- oder Hohlblockstein	4–60		0,6–2,2	
	KSVbL	KS-Verblender als Loch- oder Hohlblockstein	4–60		0,6–2,2	
	-P (angehängt)	KS-Plansteine				
	-XL (angehängt)	KS-Planelemente				

*aus: Graubner, Rast (Hrsg.); Mauerwerksbau aktuell 2016; Beuth Verlag; Berlin, Wien, Zürich 2016; S. B8-ff.

Abb. 48: Porenbetonsteine

Ebenfalls Ende des 19. Jahrhunderts werden erstmals Porenbeton- Porenbetonsteine
steine entwickelt. Bei der Herstellung wird ein Gemisch aus Quarzsand,
Kalk und Zement mit Wasser in Formen gegossen und je nach Anwendung mit einer Bewehrung aus Stahlmatten versehen. Aluminiumpulver
wird als Treibmittel eingesetzt, das durch die Bildung von Wasserstoff
den Porenanteil auf 90% des Baustoffvolumens ansteigen lässt. Das
abgebundene Material wird geschnitten und unter Druck gehärtet.

Porenbeton gleicht dem natürlichen Mineral Tobermorit und ist aufgrund seiner Porosität hoch wärme- und schalldämmend. Für tragende
Wände werden großformatige Porenbetonblocksteine oder Porenbeton-
plansteine für Dünnbettmörtel hergestellt. Porenbetonbauplatten und
-planbauplatten werden nur für nichttragende Wände mit anderen Trag-
systemen und für Schallschutzmaßnahmen verwendet. Geschosshohe
Elemente und Deckenplatten ergänzen das Produktprogramm zusätzlich
zum klassischen Mauerwerksbau.

Beton- und Leichtbetonsteine werden in Formen gegossen und bis Beton- und
Leichtbetonsteine
zum Erreichen der endgültigen Festigkeit eingelagert. Der Unterschied
zwischen beiden besteht in der Art der Zuschläge. Für Leichtbeton dürfen nur Leichtzuschläge mit porigem Gefüge (vor allem Naturbims oder
Blähton) verwendet werden.

Tab. 4: Porenbetonsteine

Stoff:	Kalk, Quarzsand, Zement, Wasser, Porenbildende Treibmittel (Aluminium)						
Zusatzstoffe:							
Herstellung:	Gemischt, geformt und unter Druck gehärtet						
Maßangabe:	In mm (z. B. 240 x 300 x 238)						
Steinarten	Bezeichnung		Festigkeitsklasse*		Rohdichteklasse*		
			nach DIN	häufig verwendet	nach DIN	häufig verwendet	
	PP	Porenbetonplanstein	2–8	2–6	0,35–1,0	0,35–0,7	
	PPE	Porenbetonplanelement	2–8	2–6	0,35–1,0	0,35–0,7	

*aus: Graubner, Rast (Hrsg.); Mauerwerksbau aktuell 2016; Beuth Verlag; Berlin, Wien, Zürich 2016, S. B8-ff.

Abb. 49: Beton- und Leichtbetonsteine

Tab. 5: Beton- und Leichtbetonsteine

Stoff:	Mineralische Zuschläge und hydraulische Bindemittel				
Zusatzstoffe:	Bims, Blähton bei Leichtbeton				
Herstellung:	Gemischt, geformt				
Maßangabe:	In mm (z. B. 240 × 300 × 238) und in Vielfaches von DF (z. B. 10DF)				

Steinarten	Bezeichnung		Festigkeitsklasse*		Rohdichteklasse*	
			nach DIN	häufig verwendet	nach DIN	häufig verwendet
	Betonsteine					
	Vn	Vollsteine aus Beton	4–8; 12; 20–28	12, 20	1,4–2,4	1,6–2,0
	Vbn	Vollblöcke aus Beton	4–8; 12; 20–28	12, 20	1,4–2,4	1,6–2,0
	Hbn	Hohlblöcke aus Beton	2–8; 12	2–6; 12	0,8–2,0	0,8–1,4
	Vm	Vormauerstein aus Beton	6–8; 12; 20–48	12; 20	1,6–2,4	1,6–2,0
	Vmb	Vormauerblock aus Beton	6–8; 12; 20–48	12; 20	1,6–2,4	1,6–2,0
	Leichtbetonsteine					
	V	Vollsteine aus Leichtbeton	2–8; 12; 20	2–6; 12	0,45–2,0	0,6; 0,7; 0,8–2,0
	Vbl	Vollblöcke aus Leichtbeton	2–8; 12; 20	2–6; 12; 20	0,45–2,0	0,6; 0,7; 0,8–2,0
	-S (angehängt)	mit Schlitzen	2–8; 12; 20	2–4	0,45–2,0	0,45–0,7
	-S-W (angehängt)	mit Schlitzen und bes. Wärmedämmeigenschaften	2–8; 12; 20	2–4	0,45–2,0	0,45–0,7
	-P (angehängt)	Plansteine				
	Hbl	Hohlblöcke aus Leichtbeton	2–8; 12; 20	2–6	0,45–1,4	0,5–0,7; 0,8–1,2

*aus: Graubner, Rast (Hrsg.); Mauerwerksbau aktuell 2016; Beuth Verlag; Berlin, Wien, Zürich 2016, S. B8-ff.

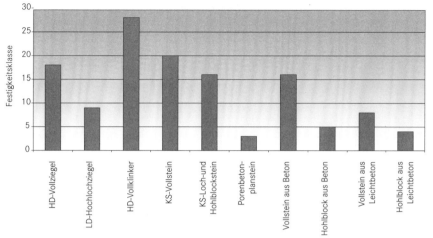

Festigkeitsklasse (Mittelwert)

Festigkeitsklasse

30
25
20
15
10
5
0

HD-Vollziegel
LD-Hochlochziegel
HD-Vollklinker
KS-Vollstein
KS-Loch-und Hohlblockstein
Porenbeton-planstein
Vollstein aus Beton
Hohlblock aus Beton
Vollstein aus Leichtbeton
Hohlblock aus Leichtbeton

Abb. 50: Vergleich der Festigkeitsklassen

Man unterscheidet die Steine neben den Zuschlägen und den Loch-
anteilen auch durch die Maße. So differieren Vollsteine durch eine auf
115 mm begrenzte Höhe von den Vollblöcken, die 175 mm oder 238 mm
hoch sind. Beide dürfen keine Kammern, sondern nur Grifflöcher bis zu
einer Querschnittsflächenverminderung von 15% aufweisen. Hohlblöcke
mit einer Vorzugshöhe von 238 mm dagegen weisen Kammern auf, deren
Anzahl der Bezeichnung der Steine vorangestellt wird (z. B.: 3K). Bei
Witterungsbeanspruchung müssen Vormauersteine bzw. Vormauerblöcke
verwendet werden.

Bei den Leichtbetonsteinen unterscheidet man nach den gleichen
Kriterien ebenfalls zwischen Vollsteinen, Vollblöcken und Hohlblöcken.
Hinzu kommen Steine mit Schlitzen und besonderen Dämmeigenschaf-
ten, die an der Endung -S bzw. -SW zu erkennen sind, sowie Plansteine.

Für nichttragende Wände werden aus Leichtbeton Wandbauplatten
und Hohlwandplatten hergestellt.

MAUERMÖRTELARTEN

Mörtel besteht aus Bindemittel, Zusatzstoffen und Zusatzmitteln. Zu-
satzstoffe beeinflussen die Mörteleigenschaften wie z. B. Frostwiderstand
oder günstige Verarbeitbarkeit und dürfen in größeren Mengen hinzugefügt werden. Zusatzmittel verändern den Mörtel durch chemische und

63

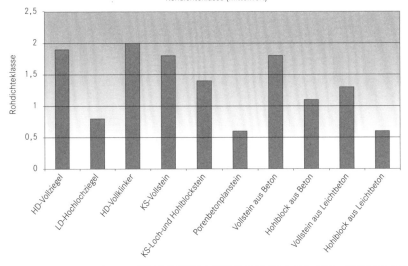

Rohdichteklasse (Mittelwert)

Abb. 51: Vergleich der Rohdichteklassen

physikalische Vorgänge und dürfen nur begrenzt benutzt werden. Hierzu gehören Verflüssiger, Erstarrungsbeschleuniger oder Luftporenbildner. Die Bestandteile werden entweder als Einzelteile angeliefert und auf der Baustelle gemischt (Baustellenmörtel) oder bereits im Werk gemischt auf
● die Baustelle gebracht.

Alle Bestandteile außer dem Wasser können bereits vermischt angeliefert werden (Werk-Trockenmörtel). Aus Gründen der Zeitersparnis kann der fertige Mörtel auch vom Werk auf die Baustelle gebracht werden. Verzögerungsmittel sorgen für die notwendige Verarbeitungszeit (Werk-Frischmörtel). Beim Werk-Vormörtel werden nur die nicht erhärtenden Bestandteile vermengt, so dass Wasser und Zement hinzugefügt werden müssen. Eine Variante des Werkfrischmörtels ist die Anlieferung als Mehrkammer-Silomörtel, bei dem die Bestandteile zwar erst auf der Baustelle zusammengemischt werden, aber ohne die Möglichkeit, das Mischungsverhältnis zu verändern.

● **Wichtig:** Baustellenmörtel ist nicht in der europäischen Norm geregelt. Hierfür sind nationale Anwendungs- oder Verarbeitungsnormen notwendig.

Tab. 6: Mauermörtelarten

Mörtelart Abk. nach DIN 1053-1 (Abk. nach EN 998-2)	Mörtelgruppe nach DIN 1053-1)	Mörtelgruppe nach DIN EN 998-2	Lieferformen*
Normalmauermörtel NM (G)			BSM, WTM, WFM, WVM, MKSM
NM (G)	I	M1	
	II	M2,5	
	IIa	M5	
	III	M10	
	IIIa	M20	
Leichtmauermörtel LM (T)			WTM, WFM, MKSM
	LM21	M5	
	LM36	M5	
Dünnbettmörtel DM (L)			
	DM	M10	WTM

*Abk.: BSM Baustellenmauermörtel
WTM Werk Trockenmauermörtel
WFM Werk-Frischmauermörtel
WVM Werk-Vormauermörtel
MKSM Mehrkammer-Silomauermörtel

Ebenso wie die Mauersteine unterliegt auch der Mauermörtel einer genauen Festlegung von Herstellung, Prüfung, Kennzeichnung und Eigenschaften. Analog gelten die harmonisierte europäische Produktnorm DIN EN 998-2 und ergänzende nationale Normen (z. B. in Deutschland DIN 20000-412 (Anwendungsnorm) sowie DIN 18580). Grundsätzlich gelten die Festlegungen der DIN EN 1996-1. Diese unterteilt den Mauermörtel in drei Arten: Normalmörtel (NM), Leichtmörtel (LM) und Dünnbettmörtel (DM).

Der Normalmörtel unterscheidet sich von dem Leichtmörtel durch seine Trockenrohdichte, die mindestens 1500 kg/m³ betragen muss, wohingegen der Leichtmörtel eine Rohdichte unter 1000 kg/m³ aufweist. Dünnbettmörtel wurde speziell für Plansteine entwickelt und reduziert die Mörtelhöh0e auf 1–3 mm. Dabei darf die Trockenrohdichte nicht weniger als 1300 kg/m³ und das Größtkorn der Zuschläge nicht mehr als 1mm betragen.

Nach steigender Mindestdruckfestigkeit werden Normalmörtel in Mörtelgruppen I bis IIIa eingeteilt, Leichtmörtel nach der Wärmeleitfähigkeit in die Gruppen LM21 und LM36. Dünbettmörtel wird nicht weiter unterschieden.

Die europäische Norm 998-2 hingegen unterteilt alle Mörtelarten nach der Druckfestigkeit in die Mörtelgruppen M1-M30, wobei die Zahl die Druckfestigkeit in N/mm² angibt. Entspricht ein Mörtel der DIN EN
● 998-2, wird er mit dem CE-Kennzeichen .
Je nach Aufgabe oder Einsatzort sind unterschiedliche Klassen zu empfehlen bzw. unzulässig.

Tab. 7: Beschränkungen der Anwendung nach DIN 1053-1 für Mauermörtel

Normalmauermörtel	Mörtelgruppe nach DIN 1053-1	Anwendungsbeschränkungen
Normalmauermörtel	NM I	Nicht zulässig – bei ungünstigen Witterungsbedingungen (Nässe, Kälte), – für Gewölbe und Kellermauerwerk, – bei mehr als 2 Vollgeschossen, – bei Wanddicken < 240 mm, – für Außenschalen von zweischaligen Außenwänden, – für Mauerwerk nach Eignungsprüfung.
	NMII	Keine Einschränkungen
	NM IIa	
	NMIII	nicht zulässig – für Außenschalen von zweischaligen Außenwänden. Ausnahmen: – Zulässig für nachträgliches Verfugen. – Zulässig für Bereiche in Außenschalen, die als bewehrtes Mauerwerk nach DIN 1053-3 ausgeführt werden.
	NMIIIa	
Leichtmörtel	LM21	Nicht zulässig – für Gewölbe, – für Sichtmauerwerk, das der Witterung ausgesetzt ist.
	LM36	
Dünnbettmörtel	DM	Nicht zulässig – für Mauersteine mit Maßabweichungen in der Höhe von > 1,0 mm.

a) Prüfalter 28 Tage   b) Beim Nachweis λ10,tr nach DIN EN 1745, sofern ρ_D > 700 bzw. > 1000 kg/m³

● **Wichtig:** Bei den Mörtelarten gibt es erhebliche Abweichungen zwischen der europäischen Norm und den Festlegungen der DIN 1053 in Deutschland. Hier ist eine genaue Beachtung der Anwendungs- und Restnormen zwingend erforderlich!

● **Wichtig:** Nach dem EuGH-Urteil vom Oktober 2014 dürfen diese Produkte nicht mehr gleichzeitig mit dem Ü-Kennzeichen ausgezeichnet werden, das bisher auch die Einhaltung zusätzlicher nationaler Anforderungen angegeben hat. Bis die erhöhten Anforderungen in die europäischen Vorgaben aufgenommen werden, sollen durch die überarbeiteten Bauordnungen der Länder und der Verweis auf länderspezifische Verwaltungsvorschriften Technische Baubestimmungen diese freiwilligen Anforderungen für den Einsatz verbindlich werden.

Schlusswort

Die hier zusammengefassten Informationen können nur einen groben Überblick über die vielfältigen Möglichkeiten von Mauerwerkskonstruktionen geben. Dabei verzichten sie aus Gründen der Verständlichkeit weitestgehend auf eine Beschreibung der in den unterschiedlichen nationalen Normen festgelegten, zum Teil differierenden Bestimmungen. Diese müssen anhand der im Anhang aufgeführten Normenliste selbstständig erarbeitet werden. Das vorgestellte Wissen bietet aber die notwendige Basis der zu Grunde liegenden handwerklichen Regeln und Einsatzgebiete von Mauerwerk und ermöglichet eine selbstständige Weiterbearbeitung des Themas.

So können weitere regelgerechte Konstruktionen anhand der im Kapitel Konstruktionsregeln gezeigten Prinzipien im zweiten Kapitel erarbeitet werden, so dass ein umfangreiches gestalterisches Repertoire für den Planer zu erschließen ist. Anhand der im Kapitel Mauerwerkskonstruktionen vorgestellten Konstruktionen sind die Bestimmungen aus gesetzlichen Verordnungen und Normen einfacher im Zusammenhang einzuordnen. Problemstellungen aus verwandten Themen wie „Betonbau" oder „Fassaden" oder weiterreichende Ausführungen zum Tragverhalten oder der Bauphysik sind schneller zu verstehen. Informationen von Herstellern und Händlern, die gerade durch den Einsatz des Internets eine immer größere und wichtigere Bezugsquelle für den Planer darstellen, sind durch die Auflistung im vierten Kapitel leichter zu filtern, um für zukünftige Bauaufgaben die richtige Auswahl zu treffen.

Insgesamt sollen diese „Basics" ermöglichen, die Vielfalt von Mauerwerksbau zu entdecken und richtig einzusetzen. ●

Anhang

NORMEN

Mauerwerk allgemein:

DIN 4172	Maßordnung im Hochbau
DIN 4103-1	Nichttragende innere Trennwände: Anforderungen, Nachweise
ÖNORM B 3358	Nichttragende Innenwandsysteme
SIA 118/266	Allgemeine Bedingungen für Mauerwerk
SIA 179	Befestigungen in Beton und Mauerwerk
SIA 226	Naturstein-Mauerwerk, Leistung und Lieferung

Mauersteine:

EN 771-1 (nationale Fassungen beachten)	Festlegungen für Mauersteine – Teil 1: Mauerziegel
EN 771-2 (nationale Fassungen beachten)	Festlegungen für Mauersteine – Teil 2: Kalksandsteine
EN 771-3 (nationale Fassungen beachten)	Festlegungen für Mauersteine – Teil 3: Betonsteine (mit dichtem und porigem Gefüge)
EN 771-4 (nationale Fassungen beachten)	Festlegungen für Mauersteine – Teil 4: Porenbetonsteine
EN 771-5 (nationale Fassungen beachten)	Festlegungen für Mauersteine – Teil 5: Betonwerksteine
EN 771-6 (nationale Fassungen beachten)	Festlegungen für Mauersteine – Teil 6: Natursteine

Mauermörtel:

EN 998-2 (nationale Fassungen beachten)	Festlegung für Mörtel im Mauerwerksbau – Teil 2: Mauermörtel
SIA 262.153	Zusatzmittel für Beton, Mörtel und Einpressmörtel – Teil 3: Zusatzmittel für Mauermörtel – Definitionen, Anforderungen, Konformität, Kennzeichnung und Beschriftung

Weitere Bauteile und Baustoffe:

DIN 18100	Türen: Wandöffnungen für Türen
DIN EN 13162	Wärmedämmstoffe für Gebäude aus Mineralwolle
DIN 18195-4	Bauwerksabdichtungen
SIA 243	Verputzte Außenwärmedämmung
EN 845-1 (nationale Fassungen beachten)	Festlegungen für Ergänzungsbauteile für Mauerwerk – Teil 1: Anker, Zugbänder, Auflager und Konsolen

Lasten und Kräfte:

DIN 1053-4	Fertigbauteile
ÖNORM EN 1015-1	Prüfverfahren für Mörtel für Mauerwerk
SIA 266	Mauerwerk
SIA 266/1	Mauerwerk – Ergänzende Festlegungen
Dokumentation SIA D 0186	Mauerwerk – Einführung in die Norm SIA 266
Dokumentation SIA D 0196	Mauerwerk – Bemessungsbeispiele zur Norm SIA 266

Brandschutz:

DIN 4102	Brandverhalten von Baustoffen und Bauteilen
ÖNORM B 3800	Brandverhalten von Baustoffen und Bauteilen
ÖNORM EN 13501-4	Klassifizierung von Bauprodukten und Bauarten zu ihrem Brandverhalten

Wärmeschutz:

DIN 4108	Wärmeschutz und Energieeinsparung in Gebäuden
ÖNORM B 8110	Wärmeschutz im Hochbau
SIA 180	Wärme- und Feuchteschutz im Hochbau

Schallschutz:

DIN 4109	Schallschutz im Hochbau
ÖNORM B 8115	Schallschutz und Raumakustik im Hochbau
SIA 181	Schallschutz im Hochbau

LITERATUR

James W. P. Campbell, William Pryce: *Backstein,* Knesebeck, München 2003

Ulf Hestermann, Ludwig Rongen: *Frick/Knöll, Baukonstruktionslehre 1,* Springer Fachmedien Wiesbaden GmbH, Wiesbaden 2015

Hans-Jörg Irmschler/Wolfram Jäger/Detleff Schermer/Peter Schubert: *Mauerwerk-Kalender,* Ernst & Sohn Verlag, Berlin jährlich seit 1976

Wolfram Jäger, Klaus-Jürgen Schneider, Norbert Weickenmeier (Hrsg.): *Mauerwerksbau aktuell – Praxishandbuch 2006,* Bauwerk Verlag, Berlin 2006

Graubner, Rast (Hrsg.); *Mauerwerksbau aktuell* 2016; Beuth Verlag; Berlin, Wien, Zürich 2016, S. B8-ff.

Ernst Neufert, Johannes Kister: *Bauentwurfslehre,* 40., überarb. u. aktualis. Auflage, Springer Vieweg, Wiesbaden 2012

Günter Pfeifer, Rolf Ramcke, Joachim Achtziger, Konrad Zilch: *Mauerwerk Atlas,* Birkhäuser Verlag, Basel 2001

Peter Schubert (Hrsg.): *Das Mauerwerk, Zeitschrift für Technik und Architektur,* Ernst & Sohn Verlag, Berlin

Informationsbroschüren der folgenden Herausgeber:

Deutschland: DGfM – Deutsche Gesellschaft für Mauerwerks- und Wohnungsbau e. V.
Kochstraße 6–7
10969 Berlin
www.dgfm.de

Bundesverband der Deutschen Ziegelindustrie e. V.
Schaumburg-Lippe-Str. 4
53113 Bonn
www.ziegel.de

Bundesverband Kalksandsteinindustrie e. V.
Entenfangweg 15
30419 Hannover
www.kalksandstein.de

Bundesverband Porenbetonindustrie e. V.
Kochstraße 6–7
10969 Berlin
www.bv-porenbeton.de

Fachvereinigung Leichtbeton e. V.
Sandkauler Weg 1
56564 Neuwied

www.leichtbeton.de

IWM – Industrieverband WerkMörtel e. V.
Düsseldorfer Str. 50
47051 Duisburg
www.iwm-ev.de

Zentralverband des Deutschen Baugewerbes
Kronenstr. 55-58
10117 Berlin
www.zdb.de

DIN Deutsches Institut für Normung e. V.
Burggrafenstraße 6
10787 Berlin
www.din.de

Österreich: ASI – Austrian Standards Institute
Heinestraße 38
1020 Wien
www.austrian-standards.at

Österreichisches Institut für Bautechnik
http://www.oib.or.at

Verband Österreichischer Ziegelwerke
Wienerberg City,
Wienerbergstraße 11
1100 Wien
http://www.ziegel.at

Qualitätsgruppe Vollwärmeschutz & Initiative Ziegel
http://www.ziegel-vws.at

Wienerberger Ziegelindustrie GmbH
Hauptstraße 2
2332 Hennersdorf
Österreich
http://www.wienerberger.at

Schweiz: SIA Generalsekretariat
                  Tödistraße 47
                  8039 Zürich
                  http://www.sia.ch

                  Verband Schweizerische Ziegelindustrie VSZ
                  Obstgartenstraße 28
                  8006 Zürich
                  http://www.chziegel.ch

                  Schweizerischer Verband Dach und Wand
                  Lindenstr. 4
                  9240 Uzwil SG
                  http://www.svdw.ch

                  domoterra
                  Elfenstraße 19
                  3000 Bern 6
                  http://www.domoterra.ch

                  ZZ Wancor
                  Althardstraße 5
                  8105 Regensdorf
                  http://www.zzwancor.ch

                  Swissbrick AG
                  CH-8404 Winterthur
                  www.swissbrick.ch

BILDNACHWEIS

Abbildung Seite 10: Bert Bielefeld/Nils Kummer

Abbildung Seite 34: Bert Bielefeld/Nils Kummer

Abbildung Seite 55: Gesellschaft Weltkulturgut Hansestadt Lübeck,
Willy-Brandt-Allee 19, 23554 Lübeck

Abbildungen 1–51: Nils Kummer

Abbildung 26: mit Unterstützung von Bert Bielefeld und Kalksandstein-
Info GmbH (s. Abb. 47)

Abbildungen 39, 41: mit Unterstützung von Deutsche Kahneisen GmbH,
Nobelstraße 51–55, 12057 Berlin, www.jordahl.de

Abbildungen 44, 46: mit Unterstützung von Wienerberger Ziegelindustrie GmbH, Oldenburger Allee 36, 30659 Hannover,
www.wienerberger.de

Abbildung 47: mit Unterstützung von Kalksandstein-Info GmbH,
Entenfangweg 15, 30419 Hannover, www.kalksandstein.de

Abbildung 48: mit Unterstützung von Bundesverband Porenbetonindustrie e. V., Dostojewskistr. 10, 65187 Wiesbaden,
www.bv-porenbeton.de

Abbildung 49: mit Unterstützung von Meier Betonwerk GmbH,
Industriestr. 3, 09236 Claußnitz/OT Diethensdorf,
www.meier-mauersteine.de

DER AUTOR

Nils Kummer, Architekt, studierte an der TU Dortmund Architektur und Städtebau und hat für verschiedene Auftrag- und Arbeitgeber im öffentlichen sowie privatwirtschaftlichen Bereich gearbeitet. Er hat nationale und internationale Projekte und Wettbewerbe betreut und bei verschiedenen Verlagen Texte veröffentlicht.

Basics Glasbau
Andreas Achilles, Diane Navratil
ISBN 978-3-0356-1988-1

Als Kompendium erschienen:
Basics Baukonstruktion
Bert Bielefeld (Hrsg.)
ISBN 978-3-0356-0371-2

Berufspraxis
Basics Kostenplanung
Bert Bielefeld, Roland Schneider
ISBN 978-3-03821-530-1

Basics Ausschreibung
T. Brandt, S. Th. Franssen
ISBN 978-3-03821-518-9

Basics Projektplanung
Hartmut Klein
ISBN 978-3-0356-2008-5

Basics Terminplanung
Bert Bielefeld
ISBN 978-3-0356-1627-9

Basics Bauleitung
Lars Phillip Rusch
ISBN 978-3-03821-519-6

Als Kompendium erschienen:
Basics Projekt Management
Architektur
Bert Bielefeld (Hrsg.)
ISBN 978-3-03821-461-8

Städtebau
Basics Stadtanalyse
Gerrit Schwalbach
ISBN 978-3-0356-2013-9

Bauphysik und Haustechnik
Basics Elektroplanung
Peter Wotschke
ISBN 978-3-0356-0931-8

Basics Lichtplanung
Roman Skowranek
ISBN 978-3-0356-0929-5

Basics Raumkonditionierung
Oliver Klein, Jörg Schlenger
ISBN 978-3-0356-1661-3

Basics Schallschutz
Dominic Kampshoff
978-3-0356-2200-3

Basics Wasserkreislauf im Gebäude
Doris Haas-Arndt
ISBN 978-3-0356-0565-5

Als Kompendium erschienen:
Basics Gebäudetechnik
Bert Bielefeld (Hrsg.)
ISBN 978-3-0356-0927-1

Landschaftsarchitektur
Basics Entwurfselement Pflanze
Regine Ellen Wöhrle,
Hans-Jörg Wöhrle
ISBN 978-3-0356-2009-2

Basics Entwurfselement Wasser
Axel Lohrer, Cornelia Bott
ISBN 978-3-0356-2010-8

Reihenherausgeber: Bert Bielefeld
Konzept: Bert Bielefeld, Annette Gref
Lektorat und Projektkoordination: Annette Gref
Layout und Covergestaltung: Andreas Hidber
Satz und Produktion: Amelie Solbrig

Papier: MultiOffset, 120 g/m²
Druck: Beltz Grafische Betriebe GmbH

Library of Congress Control Number:
2021939428

Bibliografische Information der Deutschen
Nationalbibliothek
Die Deutsche Nationalbibliothek verzeichnet
diese Publikation in der Deutschen National-
bibliografie; detaillierte bibliografische Daten
sind im Internet über http://dnb.dnb.de
abrufbar.

ISBN 978-3-0356-2309-3
e-ISBN (PDF) 978-3-0356-2322-2
e-ISBN (EPUB) 978-3-0356-2323-9
Englisch Print-ISBN 978-3-0356-2310-9

© 2021 Birkhäuser Verlag GmbH, Basel
Postfach 44, 4009 Basel, Schweiz
Ein Unternehmen der Walter de Gruyter GmbH,
Berlin/Boston

9 8 7 6 5 4 3 2 1

www.birkhauser.com